人工智能的法律未来

乔路 白雪 著

知识产权出版社

图书在版编目（CIP）数据

人工智能的法律未来／乔路，白雪著.—北京：知识产权出版社，2018.6
ISBN 978-7-5130-5522-2

Ⅰ.①人… Ⅱ.①乔… ②白… Ⅲ.①人工智能—科学技术管理法规—研究—中国 Ⅳ.①D922.174

中国版本图书馆 CIP 数据核字（2018）第 074100 号

责任编辑：唱学静　　　　　　　责任校对：王　岩
封面设计：张　悦　　　　　　　责任出版：刘译文

人工智能的法律未来

乔路　白雪　著

出版发行：知识产权出版社有限责任公司	网　　址：http://www.ipph.cn
社　　址：北京市海淀区气象路 50 号院	邮　　编：100081
责编电话：010-82000860 转 8112	责编邮箱：ruixue604@163.com
发行电话：010-82000860 转 8101/8102	发行传真：010-82000893/82005070/82000270
印　　刷：北京建宏印刷有限公司	经　　销：各大网上书店、新华书店及相关专业书店
开　　本：880mm×1230mm　1/32	印　　张：7.5
版　　次：2018 年 6 月第 1 版	印　　次：2019 年 6 月第 2 次印刷
字　　数：167 千字	定　　价：48.00 元
ISBN 978-7-5130-5522-2	

出版权专有　　侵权必究
如有印装质量问题，本社负责调换。

本书编写人员

主要著作者： 乔　路　白　雪

其他编写人员（按姓氏笔画排序）：

于江源　于晓庆　孙超辉　买寒玉

邱　娟　张　芃　张雨璇　张媛媛

林　娜　洪天慧

谨以此书献给三位母亲——生母、岳母、宝妈

我惧怕死，如同我惧怕生。

如同胶卷被数字相机取代一样，人类终将不再纠结于灵魂的载体。

——乔路

Preface 序

写作背景

大约十年前,我在朋友们的鼎力支持下完成我国第一部《企业法律顾问实务全书》之后,就像是吃一种东西吃顶了一样,再也无心触及法律书籍的写作工作,一段时间里甚至连想一想都会头疼反胃。

那是一部约有180万字的大书,朋友们开玩笑说——可以用来兼作打架砸人的武器了。由于所涉法规太多,而我国的政策法规变化又太快,其变化甚至以日来计,尽管后来几经修正,但是依然难保不出纰漏。

承读者不弃,让"她"5年蝉联我国法律书籍销量第一,"她"也算是在青春时节漂亮过、风光过了,已然知足;对我而言窃喜中却着实愧疚有加——现代社会知识更新过快,请大家不要再盲目去看"她"了,多关注与欣赏些新书吧,以免误人。

这些年,笔者虽也陆续有些宣传之作面世,但并没有一本自己静心完成的书,向自己、向读者朋友交代。

这个春天,天赐机缘,得到团队全体律师与家庭全部成员的完全理解与支持，断然放下了一切——单位的、家庭的，远走！重新拾起尘封已久的笔，停在角落、安坐下来，以自由的心态徜徉在快乐而痛苦的思考之路上，将思绪化为文字。

查阅资料得知，1956年，在关于"用机器模拟人类智能"的达特茅斯（Dartmouth，位于美国新罕布什尔州）夏季讨论会上，年轻学者麦卡锡提议将人工智能（Artificial Intelligence，AI）作为这一交叉学科的名称。

经过了孕育、形成、低潮、复兴等时代洗礼，如今，人工智能以发展经济、造福人类之"大义""大名"，被近乎狂热地发掘着，国内学者、外国专家、商界明星、政界领袖、普通民众，都投入了极大的热情、极为艰辛的劳动，孜孜以求。从高校专业教材，到一般性科普读物、商业资本论坛，再到国家政策……满世界都是人工智能的话题或课题。

从中，我们可以知晓人工智能研究的重要成果——"非单调推理"：由于知识不完全被掌握，为使推理进行下去，就要先做某些假设，并在此基础上进行推理，当以后由于新知识的加入发现原先的假设不正确时，就需要推翻该假设以及基于此假设而推出的一切结论，再用新知识重新推理。

我们也会看到人工智能的发展水平：智能汽车、语音识别、自主规划与调度、垃圾信息过滤、后勤规划、机器人技术、机器翻译……

更有知识界对人工智能的发展提出自己的担忧：我们一直着眼于我们是否能够发展出人工智能，但是我们也必须同时考虑我们是否应该发展人工智能。

序

法律思考

然而,笔者并未找到一本我国谈及人工智能的法律专著,人工智能涉及的法律问题并无系统规范。除了这是一项综合学科,其内涵复杂之外,究其本源,是无法可依、无法可谈。立法从整体上讲是"统治工具",是为现实社会服务的,立法滞后于实务,而实务尚待责任判断、损失标定、具体事件处理方式的尝试等具体案例的支持。

这些年重又燃起的人工智能之火,并未给现有法律体系造成"撼动性影响",无论是涉及刑事犯罪的案件、民事与经济诉讼的争端,还是涉及非诉讼的资本市场运作、综合法律事务处理等,这一历史时期利用现有法律系统"尚可"涵盖。

但是,法律界不得不未雨绸缪、曲突徙薪。

从两则最简单的事件说起吧!在2013年美国曾宣布过一项重大举措:为了找出治疗阿尔茨海默病(老年痴呆症)、癫痫和创伤性脑损伤等与大脑有关的治疗方法,推出总额约10亿美元的研究计划——脑计划(BRAIN),堪比人类基因组计划,以期探索人类感知、行为和意识;同一年,欧盟启动了人脑计划(Human Brain Project,HBP),希望通过打造一个综合的基于信息通信技术的平台,研发出最详细的人脑模型,该研究有望促进人工智能、机器人和神经形态计算系统的发展,"那里有一个巨大的谜等待被揭开"。

毫无疑问,这些计划能够创造就业机会,并可能改善全球数十亿人的生活,但只要再往前想一小步,就可能"一念成

人工智能的法律未来

魔"——我们会发现，治疗可用于脑患病人也可用于常人，研究的副产品或者说就是正常的商业推广，必然要产生"智能机器人""超级人类"等新产品、新物种；另外，从生活常识与商业共识上讲，发展初期不可能每个人都有机会、有实力得到或成为"超人"，如此所谓"创造就业"，可能仅于一夕之间跌入"全面失业"。

有一天，当你醒来时，如常地感到这世界是如此美好：可以玩脑波游戏、健身、吃所有美味……可你渐渐意识到，原来你只被允许做这些，连自主生育都被禁止了；于是便要改变，却发现：为使你这样的非改造原始人基因纯粹，你只能"享受"美好生活，这已经被写入了宪法，就连自主死亡的机会都被剥夺了，只能去继续"享受"生活。

你个性强、不服输，从立法目的、基本人权的角度去要求修宪；从商业资本投入上的规避法律、生活服务提供商的非法运营等角度，进行全面法律论证，走上了前途渺茫、螳臂当车的维权之旅。

有一天，当你醒来时，惊诧地发现智能家庭服务员在和你的爱人调情；在替你理财时，把别人的巨款转入了你的银行系统……你找到厂商要求退货，而厂商说你的机器人虽然不具有"完全民事行为能力"，但已经被法律认定参照执行"限制民事行为能力"和"完全刑事责任能力"，厂商也获得过法院的概括性豁免并在你签约接纳机器人时得到过你的免责声明。

你恍然大悟：对你的麻烦，机器应当自行承担责任，更有可能是你承担对机器的连带责任。

经过初步调查，机器行为能力增强的一部分，是因你的引导而生，其知识产权归你所有，进而触发了责任如何分担的问题；你气急败坏，要炒机器鱿鱼了，却被告知不符合环境保护法与劳动法；你要启动人类底线保障救助流程、赶走机器，事有不巧，这时你的人造心脏开始减速了，提示需要支付年费；祸不单行，你的"辅脑"也已越过了自主奇点，在闹独立……仰天无泪。

人工智能的发展，必然会对社会伦理、道德法律等问题带来重大的认知突破。法律作为社会保障的红线、底线，需要与国家政治、经济形态，人类进步的脉动同步。

人工智能的未来，必然带给全人类肉体与精神的重重洗礼，甚至是与非的标准都可能出现无数次的反复；对人工智能进行规制的法律规范，也将时明时暗。这一进程何时真实地到来，持续的时间、剧烈程度，导致人类种族走向何方……都无从判断，生存还是毁灭依然是一个问题，笔者只知道走上这条不知归途的路，必然波及（惠及或伤及）所有生灵。

历史是未来的缩影，我们不能忘记"人工智能之父"图灵对自我性取向向世间的嘲虐，被后世尊为判断人工智能的教义——"如果第三者无法辨别人类与人工智能机器反应的差别，就可断定该机器具备人工智能。"神为了开导人的无知总爱开一开玩笑，这就是著名的"图灵测试"。未来，如果人工智能已经智能到不打算让第三方人类辨别，那么人类将陶醉在何等幼稚而危险的自喜之中。

图灵，一生挣扎在科学研究与个人情感的困境里。因率性独行，正值壮年便被政府以法律之名进行了化学阉割，直接导致其

人工智能的法律未来

屈辱自尽。但他却为世人扔出了脚踏实地去行动的指引，在《计算机器与智能》中图灵讲道："我们只能向前看到很短的距离，但我们能够看到仍然有很多事情要做。"

行文过程

人工智能所涉学科众多且相互交叉、过于庞杂，本书的写作让笔者时而文思泉涌、时而难以下笔，几易其稿，时常难以入眠。

在一个备受折磨的傍晚，我走入了有着300多年历史并且几乎300多年不间断演出的北京"正乙祠戏楼"，欣赏了北京现代舞蹈家高艳津子编排的《二十四节气·花间集》，艺术表现形式的凝练与流动深深感染着我，她如春风般的声音缓缓飘来，舞者用灵魂展现出她的艺术思考。高艳津子独特的哲学观与美学观启发着我下笔的立意、结构与内容：

"太阳总会先东升后西沉，也会先西沉后东升。节气是一个古老巨大的概念，十分庞杂，这个舞蹈虽然叫二十四节气，但并不是讲农耕，那样就属于科普了。北京现代舞经历了由表达自我的好奇与激动，到结合传统文化的大胆尝试，终于不再刻意于形式，回归到中华民族精神之魂上来，以花的眼睛、花的聆听、花的心动看世界，收获十二段花开花落间不同生灵发生的故事。"

▷ "立意"——人工智能与科学幻想息息相关，本想从更为大胆的明日科技、科幻的角度去写，但这样便失去了"法律"的现实基础。于是便更为克制，调整为写今天为主、写明天为辅，着重说当今的法律、适当讲未来的猜测。行文风格尽量通俗，不

序

局限在写给法律人，更为便于社会大众理解，免于落入生涩专业和说教。

> "结构"——在结构的搭建上，笔者最初也是规划了以下几个方向：

一是以时间为线索，以人工智能的发展为线，匹配与之同步的法律进程；

二是以法律门类为线索，从法律对特定社会生活的不同框定来写，如民事法律范畴内的人工智能、刑事法律范畴内的人工智能等；

三是以社会俗称、通用叫法进行"分项"展开，如互联网智能、无人机、智能机器人等。本书几经修改后最终选定了该写作方向，虽然呈现出"大杂烩"，但杂而不乱，可直指主题、便于论述，增加了可读性。

> "内容"——全书在内容上，力求把社会上已经广泛出现的人工智能理念或是商业状态尽量涵盖。从法律人的专业视角，给出法律上的底线性指引或启发式分析，以期让各行各业的朋友，都能够看得懂，受到有益的法的洗礼、心存常识性的法律"敬畏"，避免我国人工智能大潮真的袭来后，被动或不自觉地被裹挟狂奔、误入歧途、调头不及。

章节设置

本书共分四部分：

第一部分"历史魅影"——希望对人工智能及其法律没有理

人工智能的法律未来

论积累的朋友,做一个最简单的启蒙,并不是讲编程与逻辑,而是为了便于其后章节的理解。这一部分会介绍人工智能的基础知识、历史发展、现状及基本的法律规范。

第二部分,"今日发展"——对当今社会相对成型的人工智能经济形态/产业进行介绍,对虽已流行、但笔者认为依然偏重于概念的形态/产业,放在了后面的部分再行论述。

第三部分,"明天智慧"——对于可预见未来在经济上将有所发展的人工智能经济形态/产业,进行较为系统的介绍。

这样的"今""明"章节划分,仅为方便阅读与写作,并不是人工智能在社会中的必然发展规律。

第四部分,"未来的梦"——笔者对人工智能未来在中国的情况,进行了冒险设想与推测。有可能发生,有可能过度发生,也有可能连发生的机会都没有。如果大家有时间,以轻松心态当作饭后茶点一看即可,不必过于当真。

一点感言

在本书的写作间隙,笔者关注到两则新闻,更坚定了立足现实、展望未来、大胆创新完成这部作品的信心。

2017年3月5日,第十二届全国人民代表大会第五次会议在人民大会堂举行开幕会,李克强总理作了政府工作报告。其对人工智能的重视、对法律的"敬畏",都让法律人心动。

综观报告全文,首次将"人工智能"写了进来:

"以创新引领实体经济转型升级。加快培育壮大新兴产业。

全面实施战略性新兴产业发展规划，加快新材料、'人工智能'、集成电路、生物制药、第五代移动通信等技术研发和转化，做大做强产业集群。支持和引导分享经济发展，提高社会资源利用效率，便利人民群众生活。本着鼓励创新、包容审慎原则，制定新兴产业监管规则。"

李克强总理同时也多次强调依法治国、提升社会法律意识：

"回顾2016，推进政府建设和治理创新，社会保持和谐稳定，国务院提请全国人大常委会审议法律议案13件，制定修订行政法规8件；推动企业兼并重组，发展直接融资，实施市场化法治化债转股。"

"今后要更多运用市场化'法治化'手段，有效处置僵尸企业，推动企业兼并重组、破产清算。更好激发非公有制经济活力，凡法律法规未明确禁入的行业和领域，都要允许各类市场主体平等进入；凡向外资开放的行业和领域，都要向民间资本开放；凡影响市场公平竞争的不合理行为，都要坚决制止。"

"推动社会治理创新，加强法治宣传教育和法律服务。全面加强政府自身建设，各级政府及其工作人员要深入贯彻全面依法治国要求，'尊崇法治、敬畏法律、依法办事'。"

李克强总理的讲话——距我国1981年成立"中国人工智能学会"（Chinese Association for Artificial Intelligence，CAAI），过去了36年，该学会系经国家民政部正式注册、我国智能科学技术领域唯一的国家级学会，是全国性4A级社会组织；距我国1986年把智能计算机系统、智能机器人和智能信息处理等重大项目列入国

人工智能的法律未来

家高技术研究发展计划——"863计划",过去了31年。

这与一个自然人从出生、步入"而立"、走向"不惑"几乎同步,我国政府对人工智能的理解日趋成熟,并引导发展,力图通过法律进行有力规范。

2017年3月24日,比尔·盖茨在北京大学发表了题为《中国的未来:慈善、创新与全球领导力》的演讲,谈到中国在健康、农业、能源和技术领域取得的巨大成就,并再次强调中国在利用创新能力解决全球挑战方面潜力巨大。"这对中国的年轻人来说是一个绝佳的时代。当你们步入社会时,恰逢中国崛起,成为全球发展和创新的中心。"

最后,我要特别感谢侯凤梅老师携我步入律师行业、校准我的人生轨迹,李雨龙老师启发我对"人工智能"这一专题写作,并长久给予我最诚意的指点;

感谢北京大成律师事务所对"志存高远、海纳百川"信念的坚守,为年轻人提供着实现梦想的平等机会;

感谢兄弟律所诸多前辈披荆斩棘地勇敢探索与求证,从中我习得了不少非常有益的专业理念;

更重要的是,历史经验教训告诉我们,要感谢生在这个伟大的时代。中国的法制化进程还在平稳推进之中,虽然存在许多问题一时不得解,但人人对法律的基本敬畏,才能铸就出人人生存尊严的基石、带来未来无限的可能。

"法"对全社会意义重大,"人工智能"的立法、行政、司法、法律服务等与法律运用密切相关的工作,前景广阔、任重道远，需要各界人士的前瞻尝试、共同努力与不懈坚持。

这一切的一切，都值得我们用心去爱护与珍惜。

本书所涉领域，许多是笔者曾经或正在提供法律服务的，还有一部分是笔者相对陌生或非常陌生的，但是运用法律之眼、法律思维，相信大道至简。让我们怀揣人类的好奇心，携手对"人工智能"相关的法律问题去探知与求解吧！

能力不足、眼界所限，成文粗疏浅陋，愿读者朋友指正。

乔路

2018年1月于北京

$\mathcal{C}$ontents 目 录

第一部分　历史魅影
人工智能的历史进程

一、人工智能的起源　2

二、什么是人工智能　3

　思考维度　3

　行动维度　4

三、近代人工智能研究的发展阶段　4

　人工智能的诞生（1943—1956）　5

　人工智能的黄金发展期（1957—1974）　5

　第一次人工智能低谷（1975—1980）　6

　第二次人工智能低谷（1981—1993）　7

　人工智能进入全新的发展时代（1994年至今）　8

四、人工智能的现状　9

　国内人工智能现状　9

　国外企业在做什么　14

五、知名人工智能规划文件及研究报告　**20**

美国政府：《美国人工智能研发战略计划》《为未来人工智能准备》《人工智能、自动化和经济》　21

英国政府：《人工智能：未来决策制定的机遇与影响》　21

中国政府：《新一代人工智能发展规划》　22

斯坦福大学：《2030年的人工智能与人类生活》　23

高盛：《2016高盛人工智能生态报告》　24

艾瑞市场咨询：《2015中国人工智能应用市场研究报告》　25

阿里巴巴：《人工智能：未来制胜之道》　26

乌镇智库：《乌镇指数：全球人工智能发展报告2016》　26

六、对人工智能法律规制的思考　**27**

图灵测试与机器人三定律　28

培育法律思维，建立我国前瞻性法律体系　30

目录

第二部分　今日发展
人工智能发展基础领域及其法律制度

一、计算机　**36**

　　计算机发展历程　37

　　未来的计算机　40

　　现有法律规制　44

　　实务法律问题　51

　　发展中需关注的几个权利保护问题　58

　　刑法对未来计算机领域的规制　64

二、互联网　**66**

　　互联网概述　67

　　智能互联网　70

　　需要关注的互联网法律问题　72

3

三、大数据 **79**

大数据的意义　81

大数据的实践　82

大数据的发展趋势　87

民事法律对个人信息的保护　90

四、云计算 **92**

云计算的概念　92

云计算的特点　93

云的应用　96

云计算发展动态　98

世界各国云计算的产业政策与法律规定　102

云计算中的主要法律问题　104

云环境下的刑事犯罪　108

第三部分　明天智慧
人工智能前沿领域及相关法律问题

一、智能汽车、无人机　**118**

　　智能汽车概述　**118**

　　无人驾驶汽车侵权责任　**125**

　　无人机概述　**130**

　　无人机的法律监管　**133**

　　了解美国无人机立法　**139**

二、专家系统、神经网络　**142**

　　专家系统综述　**143**

　　基于神经网络的专家系统　**148**

　　专家系统的应用　**151**

　　专家系统的发展趋势　**153**

三、智能机器人、类脑智能　156

　　智能机器人概述　157

　　机器人分类　160

　　机器人享有权利的可能性　165

　　情侣机器人的婚姻与性　168

　　机器写手的著作权　171

　　类脑智能对人工智能的启发　174

四、仿生人、虚拟人　178

　　仿生人首次亮相　178

　　人类增强技术若干问题　179

　　虚拟人　184

第四部分　未来的梦
未来的人工智能在中国

一、人工智能将在中国更快发展　**206**
二、治愈死亡的虚拟产业生机勃发　**209**

第一部分　历史魅影

人工智能的历史进程

一、人工智能的起源

二、什么是人工智能

三、近代人工智能研究的发展阶段

四、人工智能的现状

五、知名人工智能规划文件及研究报告

六、对人工智能法律规制的思考

人工智能的法律未来

一、人工智能的起源

人类对人工智能机器的梦想和追求，可以追溯到三千多年前。早在我国西周时代（公元前1046—公元前771年），就流传有关巧匠偃师献给周穆王艺伎的故事。东汉（公元25—220年）张衡发明的指南车被认作世界上最早的机器人雏形。

希腊神话中已经出现了机械人和人造人，如火神赫淮斯托斯（Hephaestus）的金色机器人和皮格马利翁（Pygmalion）的加拉泰亚（Galatea）。中世纪出现了使用巫术或炼金术将无生命物质赋予意识的传说，如Jābiribn Hayyān的Takwin，帕拉塞尔苏斯（Paracelsus）的侏儒和犹大·罗维（Rabbi Judah Loew）的石人（Golem）。

古希腊亚里士多德（公元前384—公元前322年）的《工具论》，为形式逻辑奠定了基础，他是第一位系统阐述支配头脑理性部分的一组精确规则的人，他为严密推理制定了一种非形式的三段论系统：给定初始前提后该系统原则上允许你机械地推导出结论。

布尔（Boole）创立的逻辑代数系统，用符号语言描述了思维活动中推理的基本法则，被后世称为"布尔代数"。

到了近代，公元1500年左右，里昂纳多·达·芬奇，设计了一台机械计算器，但没有制造出来；最近的重建却已表明，该设计是起作用的。

虽然由布雷西·帕斯卡在1642年制造的帕斯卡利娜加法器（Pascaline）更著名，但是第一台已知的计算机器是由德国科学家Wilhelm Schickard在1623年左右制造的。

帕斯卡写道："算术机器产生了明显比所有动物行为更接近

思维的效果。"[1]

这些理论、发现甚至传说，都诱发着人类对人工智能的探索热情，并为人工智能发展奠定了科学基础。

二、什么是人工智能

人工智能（Artificial Intelligence，AI）是最新兴的科学与工程领域之一。正式的研究工作在第二次世界大战结束后迅速展开，1956年形成了"人工智能"这个名称。与分子生物学一起，人工智能经常被其他学科的科学家誉为"我最想参与的研究领域"。一方面，物理学专业的学生有理由认为所有好的研究思想已经被伽利略、牛顿、爱因斯坦以及其他物理学家想尽了；另一方面，人工智能对若干位专职的"爱因斯坦"们和"爱迪生"们仍有良机。

人工智能目前包含大量的各种各样的子领域，范围从通用领域，如学习和感知，到专门领域，如下棋、证明数学定理、写诗、在拥挤的街道上开车和诊断疾病。人工智能与任何智力工作相关，它确实是一个普遍的研究领域。

沿着"思考"（关注思维过程和推理）和行动（强调行为）两个维度，人工智能有八种定义。[1]

思考维度

1. 像人一样"思考"

定义一：使计算机思考的令人激动的新成就……按完整的字

面意思就是：有头脑的机器。（Haugeland，1985）

定义二：与人类思维相关的活动，如决策、问题求解、学习等活动（的自动化）。（Bellman，1987）

2. 合理地"思考"

定义三：通过使用计算模型来研究智力。（Charniak和McDermott，1985）

定义四：使感知、推理和行动成为可能的计算的研究。（Winston，1992）

行动维度

1. 像人一样"行动"

定义五：创造能执行一些功能的机器的技艺，当由人来执行这些功能时需要智能。（Kurzweil，1990）

定义六：研究如何使计算机能做那些目前人比计算机更擅长的事情。（Rich和Knight，1991）

2. 合理地"行动"

定义七：计算智能研究智能Agent（源于拉丁语的agere，意为"去做"）的设计。（Poole等人，1998）

定义八：人工智能……关心人工制品中的智能行为。（Nilsson，1998）

三、近代人工智能研究的发展阶段

以人工智能的历史为主线，可以将过去70余年人工智能研究的发展分为以下几个阶段。[2]

人工智能的诞生（1943—1956）

20世纪四五十年代，来自不同领域的（数学、心理学、经济学和政治学）的科学家，开始探讨制造人工大脑的可能性，1956年，人工智能在达特茅斯会议被确立为一门学科。

这一阶段，产生了影响至今的实现人工智能的两种思路：一种思路认为实现人工智能必须用逻辑和符号系统，这种思路看问题是自上而下的；另外一种思路认为通过仿造大脑可以达到人工智能，这种思路是自下而上的，认为如果能制造一台机器，模拟大脑中的神经网络，这台机器就有了智能。

图灵测试：1950年，图灵发表了一篇划时代的论文，文中预言了创造出具有真正智能的机器的可能性，并且提出了图灵测试，判断机器是否能像人类一样思考。图灵认为——如果一台机器和人类进行问答测试，在5分钟内只要有30%的人类讯问者无法区分这是机器或人类，那么这台机器就是通过了图灵测试，具有人工智能。

人工智能的黄金发展期（1957—1974）

达特茅斯会议后，政府机构向这一新兴领域投入了大量资金，人工智能的研究快速发展，从20世纪50年代末期到70年代涌现出了大批成功的人工智能程序和新的研究方向，奠定了现代人工智能的一些研究基础。研究者表达出相当乐观的情绪，认为具有完全智能的机器将在20年内出现。

人工智能的法律未来

搜索式推理：许多人工智能程序使用相同的基本算法为实现一个目标（如赢得游戏或证明定理），它们一步步地前进，就像在迷宫中寻找出路一般；如果遇到了死胡同则进行回溯，这就是"搜索式推理"。

自然语言：使机器能够通过自然语言（如英语）进行交流，成为一个重要的研究方向，早期的一个成功范例是丹尼尔·博布罗（Daniel Bobrow）的程序STUDENT，它能够解决高中程度的代数应用题。

第一次人工智能低谷（1975—1980）

到了20世纪70年代，此前的过于乐观使人们期望过高，当研究者们的承诺无法兑现时，政府机构对人工智能的资助就缩减或取消了，人工智能陷入了第一次人工智能低谷。

研究者们遭遇了无法克服的基础性障碍，包括：

（1）计算机的运算能力，当时的计算机有限的内存和处理速度不足以解决任何实际的人工智能问题；

（2）常识与推理，许多重要的人工智能应用，如机器视觉和自然语言，都需要大量对世界的认识信息，1970年没人能够做出如此巨大的数据库。由于基础性的障碍，神经网络的研究陷入了低谷。

但是，进入20世纪80年代人工智能还是取得了一些新的发现。

（1）人工智能初步进入应用阶段

20世纪80年代开始，一类名为"专家系统"的人工智能程序开始被全世界的公司所采纳,而"知识处理"成为主流人工智能研究的焦点。

专家系统是一种程序,能够依据一组从专门知识中推演出的逻辑规则在某一特定领域回答或解决问题。此时,人工智能才开始变得实用起来。1980年CMU为数字设备公司(Digital Equipment Corporation,DEC)设计了一个名为XCON的专家系统,这是一个巨大的成功。在1986年之前,它每年为公司省下4000万美元。全世界的公司开始开发和应用专家系统。

(2)神经网络的重生

1982年,物理学家约翰·霍普菲尔德(John Hopfield)证明了一种新型的神经网络(称为"Hopfield网络")能够用一种全新的方式学习和处理信息。大约在同时早于保罗(Paul),大卫·鲁姆哈特(David Rumelhart)推广了"反传法"(Backpropagation),一种神经网络训练方法。这些发现使1970年以来一直遭人遗弃的神经网络重获新生。1986年由Rumelhart和心理学家詹姆斯·麦克莱兰(James McClelland)主编的两卷本论文集《分布式并行处理》问世,这一新领域从此得到了统一和促进。20世纪90年代神经网络获得了商业上的成功,它们被应用于光字符识别和语音识别软件。

第二次人工智能低谷(1981—1993)

类似第一次人工智能低谷,人们对专家系统的狂热追捧在不久后转向失望。从20世纪80年代末到90年代初,人工智能遭遇了一系列财政问题。

人工智能的法律未来

安全焦点信息安全技术峰会（XCON）等最初大获成功的专家系统维护费用居高不下。它们难以升级，难以使用，并且很脆弱（当输入异常时会出现莫名其妙的错误），专家系统的实用性仅仅局限于某些特定情景。

人工智能进入全新的发展时代（1994年至今）

20世纪90年代以后，随着计算机技术与互联网技术的快速发展，人工智能的发展障碍被逐步消除，人工智能被应用于越来越多的领域当中，如金融、医疗、自动驾驶等。

1997年5月11日，IBM开发的"深蓝"，成为战胜国际象棋世界冠军卡斯帕罗夫的第一个计算机系统，也成为人工智能史上的一个里程碑。

其后经历了若干由"机器人"到"人机器"的人工智能大发展，列举一些事件：

1999年，日本索尼公司推出犬型机器人爱宝（AIBO），发售当天即销售一空，从此娱乐机器人成为目前机器人迈进普通家庭的途径之一。

2002年，美国iRobot公司推出了吸尘器机器人Roomba，它能避开障碍，自动设计行进路线，还能在电量不足时，自动驶向充电座。Roomba是目前世界上销量较大的家用机器人。

2006年6月，微软公司推出微软机器技术工作室（Microsoft Robotics Studio），机器人模块化、平台统一化的趋势越来越明显，比尔·盖茨预言，家用机器人很快将席卷全球。

2012年，"发现号"航天飞机（Discovery）的最后一项太空任务是将首台人形机器人送入国际空间站。这位机器人宇航员被命名为"R2",它的活动范围接近于人类,并可以执行那些对人类宇航员来说太过危险的任务。美国宇航局(NASA)表示,"随着我们超越低地球轨道,这些机器人对美国宇航局的未来至关重要。"

2014年,中国第116届广交会会展中心,机器人"旺宝"(Benebot)能够热情招呼访客,而这款出自科沃斯(Ecovacs)的导购机器人,可以与人类进行视频或音频对话,使消费者迅速了解商品信息。

2014年6月7日,这天是英国的计算机科学之父阿兰·图灵逝世60周年纪念日,在英国皇家学会举行的"2014图灵测试"大会上,聊天程序"尤金·古斯特曼"(Eugene Goostman)首次通过了图灵测试,预示着人工智能进入全新时代……

尤其是最近两三年时间,人工智能更是取得了很多令人瞩目的发展成就。

四、人工智能的现状

国内人工智能现状

1. 综述

艾瑞市场咨询预测,到2020年,中国人工智能市场将从2015年的12亿元人民币增长至91亿元人民币。2015年,约14亿元资本(年增长率76%)流入了中国的人工智能市场。

根据提及"深度学习"和"深度神经网络"的被引用期刊论

文数量，2014年，中国已经超越美国（Exhibit 23）。中国拥有世界领先的语音和视觉识别技术，其人工智能研究能力也令人印象深刻（Exhibit 24）。百度于2015年11月发布的语音识别系统Deep Speech 2已经能够达到97%的正确率，并被《麻省科技评论》评为2016年十大突破科技之一。另外，早在2014年香港中文大学开发的DeepID系统就在LFW数据库中达到了99.15%的面目识别正确率。

中国的互联网巨头百度、阿里巴巴和腾讯（BAT）正在领导中国的人工智能市场，同时数以百计的初创公司也正渗透到这一产业中，并在各种人工智能细分市场及应用领域建立服务模型。

目前，中国的人工智能领域包括：

（1）基本服务，如数据资源和计算平台；

（2）硬件产品，如工业机器人和服务机器人；

（3）智能服务，如智能客户服务和商业智能；

（4）技术能力，如视觉识别和机器学习。

根据艾瑞市场咨询分析，目前，语音和视觉识别技术分别占中国人工智能市场的60%和12.5%。在中国，所有和人工智能相关的公司中，71%专注于开发应用，其余的公司专注算法。其中，55%的公司研究计算机视觉，13%研究自然语言处理，9%致力于基础机器学习。

人工智能前沿的重要参与者可能会继续来自中、美两国。

2. 中国企业在做什么

下面介绍一下中国几家互联网公司在这两三年中取得的一些

成果。

（1）百度

百度近几年取得的成果主要有以下几项。

2015年9月，百度"度秘"：声控人工智能个人助理（整合进百度移动搜索应用）。

2015年11月，百度Deep Speech 2：包含一个大型神经网络的语音技术，通过样本学会将声音与语词联系起来。

2015年12月，百度无人车：百度无人车在北京道路上完成测试，并在硅谷设立自动驾驶部门（ADU）。

2016年8月，百度DuSee：为移动设备打造的AR平台（整合进百度搜索和地图移动应用），在搜索广告方面有着广泛应用。

2016年9月，百度大脑：官方介绍为百度的人工智能平台。百度的人工智能研究由百度大脑推进，它包含3个元素：①一个模拟人类神经网络的人工智能算法，有着在百十亿的样本上训练的大量参数。②能在数十万台服务器与大量GPU集群上进行高性能计算（HPC）的运算能力。HPC能容纳更多可扩展的深度学习算法。百度是首家宣布这种架构的公司，并正与UCLA合作。③标记数据，借此技术，百度收集了数以亿计的网页，包括百亿的视频/音频/图像内容碎片，还有数十亿的搜索请求和百亿的定位要求。为特定模型训练一台机器可能需要很高的（exaFLOPS级）计算能力以及4T的数据。

2016年9月，百度深度学习—云端托管PaddlePaddle：百度近期开发的深度学习工具包。

2016年10月，百度移动应用8.0：新升级的移动搜索应用，内含一个整合了智能搜索和个性化新闻推荐的系统，其背后采用了人工智能、自然语言处理和深度学习技术。

（2）阿里巴巴

阿里巴巴近几年取得的成果主要有以下几项。

2015年7月，"阿里小蜜"：虚拟人工智能客服，据公司2016年10月报告，问题解决率已达到80%。

2015年8月，DT PAI：基于阿里云的服务，用来处理机器学习过程，被该公司称为中国第一个人工智能平台。

2016年6月，阿里妈妈光学字符识别：该技术获得文档分析与识别国际会议（ICDAR）Robust Reading比赛第一名。

2016年8月，阿里云ET：一套综合的人工智能解决方案套件，包括视频、图像和语音识别技术。

（3）腾讯

腾讯近几年取得的成果主要有以下几项。

2015年6月，优图：腾讯为开发者开放了其面部识别技术，以及优图科技的其他核心技术。

2015年8月，腾讯TICS实验室：2015年腾讯设立的智能计算和搜索实验室，专注于四个方面：搜索、自然语言处理、数据挖掘和人工智能。

2015年9月，写作机器人（Dreamwriter）：腾讯上线中国第一个新闻报道机器人。

2015年11月，WHAT实验室：微信—香港科技大学人工智能联合实验室，于2015年11月26日成立。

3. 上市公司布局人工智能情况

除了以上三家公司之外,人工智能已经成为A股上市公司布局的重点。据Wind数据统计,目前有30余家上市公司布局人工智能产业链,主要包括软件算法核心系统、图像语音识别技术、计算机视觉及传感器,以及"人工智能+金融"、安防等领域。

(1)智能硬件领域

人工智能产业链可分为基础层、技术层和应用层。其中,基础层包括计算芯片、大数据、存储;技术层包括算法平台、图像识别、自然语言识别处理和智能机器人;应用层包括无人驾驶、工业4.0、智能安防和智慧医疗。

①基础层面,越来越多的公司开始致力于人工智能芯片。以全志科技为例,公司致力于为人工智能提供基础计算平台、"SoC+"完整解决方案。其人工智能芯片包括低功耗的"SoC+"完整解决方案、语音识别芯片、基于图像技术的视觉智能芯片。

中科创达则连续发布Turbox智能大脑平台,收购车载交互技术公司RW,设立产业基金等布局人工智能产业。Turbox是中科创达推出的面向涵盖VR、无人机、网络摄像头和机器人等智能硬件的开放平台,旨在会聚产业链上下游各方资源,提供包括核心计算模块、操作系统、算法和SDK的一体化解决方案,以加速智能硬件原型产品化。

②在技术层面,作为国内语音技术和人工智能产业龙头,科大讯飞的业务布局主要包括通用的人工智能技术和平台级业务。科大讯飞将语音识别、自然语言处理能力授权给第三方,或与其

他公司进行合作，如智能家居企业等；同时，科大讯飞将人工智能技术与优势产业相结合，如互联网教育等。目前通过与奇瑞汽车、长安汽车等上市公司的合作，已经切入"人工智能+教育""人工智能+医疗""人工智能+汽车"等领域。

（2）"人工智能+"领域

从人工智能驱动的应用层看，当前语音识别的产业化程度最高；自动驾驶汽车和智能投顾处于热点领域；安防、医疗等领域也是人工智能应用的重点领域。

在"人工智能+金融"领域，同花顺智能投顾领域新增基于深度学习的个股交易系统，拥有遗传算法和自然语言投资逻辑分析等技术，公司"i问财"等智能投顾产品相对成熟。

在"人工智能+医疗"领域，思创医惠为IBM在智慧医疗领域多年的合作伙伴。2016年12月，浙江省中医院沃森联合会诊中心宣布成立。会诊中心将通过思创医惠打造的多学科会诊平台，将肿瘤解决方案（Watson for Oncology）服务引流至医院临床治疗和科研环节，实现会诊中心与医疗协作体医护人员的一体化联动，推动肿瘤治疗向规范化、精准化、个性化治疗发展。

而在安防监控领域，龙头企业海康威视抢占人工智能在安防领域应用先机。

国外企业在做什么

我们再来了解创新人工智能的驱动者：谷歌、亚马逊、苹果等都在做些什么。

第一部分
历史魅影

1. 谷歌

谷歌的搜索算法在过去20年里进展迅速。从1998年的佩奇排名（PageRank）到2015年的谷歌人工智能算法系统（RankBrain），基于链接的网络排名已经进化成人工智能驱动下的查询匹配系统，后者能够不断适应那些独特的搜索（占谷歌所有搜索的15%）。

在云技术方面，公司于2015年5月公布了针对平台的定制化硬件加速器方面取得的进展，一种定制化的ASIC，亦即TPU，这一进展对2015年开源的机器学习软件库第二代人工智能学习系统TensorFlow进行了补充。而在过去三年与人工智能相关的收购战中，公司也当仁不让。

被收购的公司中，最知名的当属"深度思考"（DeepMind），它提升了Alphabet的神经网络功能并已经将其应用于各种人工智能驱动的项目中。

在搜索中使用算法，谷歌可谓先行者。将自然语言处理应用到配备用户搜索意图和可欲结果方面，公司一直处于领先地位，这也不断加强了公司在该领域的竞争优势。

在进一步推进人工智能领域的融合，促进人工智能一体化（AI integration）方面，公司的开源应用第二代人工智能学习系统TensorFlow已经为其他云平台以及研究社区利用公司资源提供了先例。同时，谷歌正通过自身优势，如TPU，充分利用开源世界为公司提供竞争优势，尽管其机器学习库是开源的。

因为"深度思考"，公司提升了端到端的强化能力；2015年年末击败职业围棋选手的阿尔法围棋（AlphaGo），将人工智能带到更为广泛的研究社区,同时也通过软硬件方面的自身优势进行创新,谷歌是最好例子。

2. 亚马逊

亚马逊正在公司内部和云端使用机器学习技术。2015年4月,公司发布Amazon ML,这款机器学习服务能够为云数据的使用提供机器学习功能(无须之前的客户经验)。公司紧随谷歌的开源步伐,2016年5月开源了DSSTNE,一个针对推荐深度学习模型的库。通过改善搜索,定制化产品推荐以及语音识别,增加有质量的产品评价,公司内部也在使用机器学习改善端到端的用户体验。

借助AWS,亚马逊成为全球最大的云服务商,可能也是最成熟的人工智能平台。借助Amazon ML,公司成为作为服务的人工智能生态系统(AI-as-a-service)的领先者,将复杂的推理能力带到之前几乎没有机器学习经验的公司办公室当中。

无须基于定制的复杂应用,AWS用户就能使用机器学习训练模型,评估以及优化潜力。亚马逊推荐引擎使用了机器学习技术,在匹配用户意图以及可欲结果方面,具有竞争优势,也为公司创造了商机。公司正更加高效地利用收集到的数据合理化用户购物体验,也让电子商务体验更具互动性。

随着DSSTNE的开源,亚马逊也与其他科技巨头一起,推动科技社区的人工智能进步。

3. 苹果

苹果已经成为最活跃的人工智能公司收购商,比如收购了Vocal

IQ、Perceptio、Emotient、Turi以及Tuplejump。几乎同时收购了Vocal IQ和Perceptio，公司请来了Johnathan Cohen，其当时还是英伟达CUDA库以及GPU加速软件项目的负责人。

据报道，公司请来Ruslan Salakhutdinov担任人工智能研究总监，这也标志着公司人工智能战略的转型。在此之前，公司人工智能最初成果之一是Siri，即第一款嵌入移动技术的虚拟助手，2014年，其语音识别技术已被移入神经网络系统。

苹果已经取得相对专有的机器学习成就；2015年10月，彭博商业周刊（Bloomberg Businessweek）报道，在大众消费方面，苹果研究人员还未发表过一篇与人工智能有关的论文。不过，这一策略转型多少与新的、与人工智能相关的雇用与收购有关，科技记者史蒂文·列维（Steven Levy）在Backchannel的一篇报道强调公司已经在人工智能领域活跃一段时间了。特别是，公司收购Turi突出了公司要按规模推进非结构数据和推论，以及开放更为广泛的人工智能研究社区。这次收购，配以基于收购公司技术的较小应用，反映出苹果致力于用这些新技术创新公司产品。

4. 微软

微软CEO萨提亚·纳德拉（Satya Nadella）表示，公司正在进军大众化人工智能democratizing AI。公司的人工智能和研究团队（总人数大约5000多人），关注改变人类体验和与机器的互动。微软已经积极地将新的、融合人工智能的功能嵌入公司核心服务中，并在对话计算［如微软小娜（Cortana）］、自然语言处理（SwfitKey）等方面取得进展。公司正进一步打造基于GPU和

17

FPGA的云（Azure），在公司所谓的更高水平的人工智能服务，如语音识别、图片识别以及自然语言处理当中，为机器学习提供动力和速度。

  由于这个行业中的公司将研究计划甚至数据库开放给人工智能研究社区，所以微软发明了大众化这一表述，用来解释许多领先的人工智能创新者的举动。微软在人工智能领域颇为活跃，并于2016后9月下旬正式发布了产品以及研究计划，并宣布了一个新的人工智能和研究小组。

  微软的FPGA表现突出了人工智能可以为普通商业或个人带来什么：不到1/10秒，它就翻译完了整个维基百科（30亿个单词和500万条条款）。而且伴随着虚拟助理微软小娜、苹果智能语音助手Siri、语音助理Alexa以及其他助理之间的竞争，进一步将人工智能研发融入广泛使用的产品中去，通过产品进步吸引客户。

5. Facebook

  Facebook人工智能研究部门（FAIR，2013年）的策略是在更广泛的研究社区背景下研发技术。这个团队以推进无监督表征学习（如观察世界，而不是借助人类算法干预，借助对抗网络进行学习）的进步而为众人所知。应用机器学习部门（AML）在FAIR之后成立，聚焦将研究应用到公司产品中，时间限制为月或季度（而不是年）。公司正将机器学习功能应用到各种垂直领域中，如面部识别、机器翻译以及深度文本（DeepText）语言或文本学习。

  公司已经发布了多个无监督学习方面的研究成果，随着机器学习超越从"正确答案"中学习，开始聚焦独立的模式识别，无监督学习已经成为一个焦点领域。无监督学习有望去除更多的、与大数据有关的人类成分，公司在Yann Lecun的带领下，正引领该领域的研究。公司发布的FBLearner FLow合理化了端到端UI（从研究到工作流程、实验管理以及视觉化和比较输出）。公司的人工智能项目和工作流程应用不限于AML成员，公司各部门都可以使用借鉴。这样一来，公司就可以利用研究部门之外所取得的人工智能进步。

6. 英特尔

英特尔的战略比较独特，其使用的案例多种多样。2016年年中，公司发布了第二代60核处理器（Xeon Phi）产品系列，以其高性能计算（HPC）能力著称，它可以让人工智能扩展到更加大型的服务器网络和云端。在硬件不断进步的同时，公司也下重金投资现场可编程门阵列（FPGA），这主要归功于其推理速度和灵活的可编程性。英特尔令人瞩目的收购包括深度学习Nervana，以及阿尔特拉公司（Altera）——该公司将FPGA的创新带入了英特尔。

英特尔因其关注FPGA创新补足了英伟达对图形处理器（GPU）的关注。当处理大型数据库（微软等许多大公司用来测试大数据分析的边界），FPGA能够提供更加快速的推理速度。在物联网的应用环境中，公司也宣布了一个计划，旨在将学习技术融入可穿戴微芯片中（显然是通过Xeon Quark）。物联网和人工智能的衔接有助于为公司和个人日常使用案例的数据搜集机制提供机器学

19

习解决方案。

7. IBM

IBM在全球有3000多名研究人员。过去十年，IBM在认知计算上有超过1400项专利，下一代云上有1200项，在硅/纳米科学上有7200项专利。IBM认知技术平台Watson利用自然语言处理机器学习技术识别模式，并提供在非结构数据上的洞见。据该公司表示，这代表如今所有数据的80%。其他认知技术平台Watson产品包括杀病毒剂Virtual Agent，一个响应分析的自动消费者服务体验；文件资源管理器Explorer，这是一个分析并连接大量不同数据集的工具。

IBM一直是该领域的先驱，有着极大的成就，包括20世纪90年代的超级计算机DeepBlue和2011年的认知技术平台Watson。认知技术平台Watson的应用包括医疗中的病人治疗分析；基于twitter数据的股票推荐；零售中消费者的行为分析；以及对抗网络安全威胁。据财富报道，通用汽车公司（GM）将认知技术平台Watson加入到了汽车中，并在通用汽车专属配置OnStar系统上结合了认知技术平台Watson的能力。

五、知名人工智能规划文件及研究报告

下面介绍几份世界主要国家的人工智能规划文件及研究报告，从这些文件和报告中可以更加清晰地看到人工智能的发展现状及未来的发展方向。

第一部分
历 史 魅 影

美国政府：《美国人工智能研发战略计划》《为未来人工智能准备》《人工智能、自动化和经济》

这些文件侧重国家战略、民生大政。

美国政府的第一份报告里确定了美国在人工智能领域七项长期战略，以达到繁荣经济、改善生活质量、增强国家安全等目标。同时，鉴于人工智能最终对社会将产生深远的影响，报告也讨论了很多形而上的话题，如公平、安全、治理、道德、隐私等。

白宫报告着重强调公平、隐私、治理等问题。提出要对人工智能进行必要的监管，尤其是无人驾驶汽车和装备人工智能技术的无人机。同时对就业表达了顾虑。据预测，随着智能设备咄咄逼来，美国44%低于高中学历的劳动力工作岗位将难保。但事情也不总是悲观，白宫的第二份报告也预测人工智能可能驱动四类就业增长：人类与现有人工智能技术的合作；开发新的人工智能技术；在实际中监督人工智能技术；伴随着人工智能技术促进社会转变。

英国政府：《人工智能：未来决策制定的机遇与影响》

对人类社会的价值决定了人工智能的重要性。英国政府的报告陈述了英国在人工智能领域的工作业绩，未来还能有哪些潜力，还有哪些优势。其实，核心就是一句话：英国在这方面干得还不错，以后要继续用人工智能创新优势提升英国国力。乌镇智库的数据也侧面证实了英国在人工智能领域的优势：人工智能领域投融资次数位列全球第二。

人工智能的法律未来

人工智能已经不是将来时,而是正在进行时。英国政府的报告说,剑桥、牛津、帝国理工和伦敦大学学院等大学率先开发的创新技术已经在全球数百万人使用的工具中得到了应用。

中国政府:《新一代人工智能发展规划》

2017年7月20日,中国国务院发布了《新一代人工智能发展规划》,提出了面向2030年中国新一代人工智能发展的指导思想、战略目标、重点任务和保障措施,部署构筑中国人工智能发展的先发优势。

该规划的要点如下:

(1)世界主要发达国家都把人工智能作为目前最大的发展战略,力图在新一轮国际竞争中掌握主导权。中国也必须以人工智能提升国防实力,保障和维护国家安全。

(2)充分发挥社会主义制度集中力量办大事的优势,动员一切资源,抢占先机,协同发力,牢牢抓住人工智能发展的重大历史机遇。

(3)通过壮大智能产业、培育智能经济,为中国未来十几年乃至几十年经济繁荣创造一个新的增长周期,带动国家竞争力整体跃升和跨越式发展。

(4)到2020年,中国人工智能产业竞争力务必要进入国际第一方阵。实现人工智能核心产业规模达1500亿元,带动相关产业规模超万亿元。

(5)到2025年,中国人工智能的理论和技术务必达到世界领先水平。实现人工智能核心产业规模达4000亿元,带动相关产业规模超5万亿元。

（6）到2030年，中国人工智能务必要占据全球人工智能制高点。实现人工智能核心产业规模达1万亿元，带动相关产业规模超10万亿元。

（7）开辟专门渠道，实行特殊政策，实现人工智能高端人才精准引进。在我国中小学阶段设置人工智能相关课程，尽快建立人工智能学院，增加相关硕士、博士招生培育。[3]

在这份规划文件中，国务院向法律行业释放了一些信号。

首先，新规划在对人工智能理论、技术和应用作出前瞻布局的同时，还呼吁加强人工智能相关法律、伦理和社会问题研究，建立人工智能法律法规、伦理规范和政策体系。

其次，新规划力挺智慧法庭建设，提出促进人工智能在证据收集、案例分析、法律文件阅读与分析中的应用，实现法院审判体系和审判能力智能化。

最后，更为前瞻的是，新规划提出"人工智能+X"复合专业培养新模式，法学赫然在列，法学教育的变革已然箭在弦上。[4]

斯坦福大学：《2030年的人工智能与人类生活》

斯坦福的报告盯住了"未来"，以北美城市为样本，从8个领域展望2030年的人类生活。

斯坦福大学的报告认为，几个因素加速了人工智能革命，其中最重要的是机器学习的成熟……此外，还包括自然语言处理、计算机视觉、机器人、物联网、协同系统等。

人工智能的法律未来

在报告中,斯坦福大学对人工智能应用的介绍最详细(这也是斯坦福报告的最大特色):分别从交通、医疗、教育、低资源社区、公共安全、就业和工作场所、家庭/服务机器人和娱乐八个方面来分析。

这份报告认为,未来15年内,人工智能基本上在沿着改善人类健康、安全和生产力等方向上发展。其中,交通、机器人和医疗领域,最为典型。"自动化交通将很快无处不在"。同样出现飞跃性的还有医疗保健方面,未来几年,基于人工智能的应用将能够改善数百万人的健康状况和生活质量。

斯坦福报告关于2030年的预测中,也认为人工智能只会在具体单项上改变人类社会,因为通用的人工智能尚且没有。

虽然未必能迅速超越人类,不过人工智能可能带来的社会、经济问题,已经引起了各方报告的重视。斯坦福的报告指出,信任是人工智能与人类之间需要解决的一大难题。除了可能带来的对安全、隐私的侵犯外,对其可控性和可能导致的大规模失业潮,也是忧虑的原因。

高盛:《2016高盛人工智能生态报告》

高盛重点分析了人工智能对人类经济的影响,并详细解读主要科技企业的推动作用。

根据高盛的报告,机器学习的论文,中国无论是从发表数量,还是被引用数量都在2014年超越美国。这也就不难理解,为何美国如此紧张中国的发展。

高盛的报告特别重视数据二字。"大数据集与足够强大的技术相结合的情况下，价值正在被慢慢创建，竞争优势也变得越来越明显"。除了数据，高盛还提及了硬件（尤其是GPU）、算法的影响。

高盛分别从几个产业列举了2025年前的人工智能的使用案例和潜在机会，作为金融机构，高盛也没忘给人工智能在几个产业的应用做个大概估值，分别是：农业目标市场200亿美元；金融业节约及新增收入340亿～430亿美元；医疗每年减少540亿美元支出；零售业每年节省540亿美元的成本及新增收入410亿美元；能源业累计节省140亿美元。

艾瑞市场咨询：《2015中国人工智能应用市场研究报告》

艾瑞的报告梳理了人工智能的历史及发展趋势。

艾瑞市场咨询的报告中，列举了中国发展人工智能的几项利好因素，其中就有国家政策层面的支持。如四部委联合下发《"互联网+"人工智能三年行动实施方案》，计划到2018年，打造人工智能基础资源与创新平台……

根据艾瑞市场咨询的报告，中国的科技企业表现不俗：除了诸如腾讯、阿里巴巴、百度等大公司积极布局外，创业公司也相当活跃，获得了大量的投资。其中，就有四家创业公司（旷视科技、优必选、云知声、商汤科技登上了艾瑞的独角兽榜单。

在艾瑞市场咨询的报告里，虽然认可数据是为人工智能的基础，但其更强调算法上的突破，认为认知智能是下一个突破方面。而突破的途径则是通过算法性能的提升，主要有工程学法和模拟学法。

艾瑞咨询对于人工智能是否超越人类的观点是：认知智能的前景尚不明朗。

阿里巴巴：《人工智能：未来制胜之道》

商业色彩是阿里巴巴与波士顿咨询合作报告的最大特征，对人工智能所需技术、未来几十年发展重点都做了详细分析，并预测可能的商业领域。

阿里巴巴的报告认为，大数据是当前人工智能发展最为关键的因素，互联网催生了大数据，大数据催生了人工智能。

阿里巴巴的报告认为，未来3～5年中仍以服务智能为主；中长期将出现显著科技突破；长期才可能出现超级智能。

乌镇智库：《乌镇指数：全球人工智能发展报告2016》

乌镇智库的报告让人耳目一新。通篇文字特别少，除了数据，就是图表。

乌镇智库的报告清晰显示，自人工智能诞生以来的60年里，相关的企业数目、投融资、专利和论文，都在持续增长，进入21世纪，增长趋势更大。

据乌镇智库的报告：美国的人工智能企业总数达到2905家，遥遥领先其他国家；其中，仅加州的旧金山/湾区以及大洛杉矶地区两地的企业数量已达到1155家，占据全球相关企业总数的19.13%。

中国在人工智能企业数量上虽不及美国，但北京、上海、深圳三地也占到全球总数的7.4%，分别为242家、112家和93家，在东亚地区位列前3，在全球范围内也分列第三、第六和第八位。

在人工智能领域的投融资方面，美国和英国领先，分别达到3450笔和274笔，中国以146笔位列第三。不过，如果以人工智能企业融资规模计算，中国便以26亿美元领先于英国。当然，距离美国的179亿美元还有很大的差距。

在专利数量上，美国人工智能专利申请数累积达到26 891项，位列全球第一；中国共计15 745项，位列第二。但自2012年开始，中国的年专利申请数及专利授权数就超越了美国。

但在乌镇智库做的人工智能领域全球大学榜单上，前五十名中居然不见一所中国高校，这也颠覆了某项大学排名里对中国高校的偏爱。

六、对人工智能法律规制的思考

在市场经济运行之中，包括正在由人工智能带动的新型经济运行之中，经济人（市场参与主体）始终坚持利益最大化原则，而政府（作为经济管理者）同样具有这一本质属性。在市场经济活动所有的参与者里，无论是立法者、执法者、司法者还是其他被调控者，超个人主义的"共产"经济与"公有"社会目标，并非是其本性追求。

在经济法律市场，经济人获取利益过程中所用的手段与方法，受到法律的限制，这既是义务，又是权利，因为站在自己的立场是受限的、在交易相对方那里也是一样，"没有纯粹的权利，也没有纯粹的义务"，这样便能为市场主体带来基本的财产与交易安全，使经济发展得以延续、创新得以保全。对立法者而

人工智能的法律未来

言，这是进行必要法律限制与赋予基本法律自由之间的权衡。

我们应充分认识并分析在经济发展过程中法律的作用，善于运用法律手段来干预和调控经济发展，从而实现宏观经济的长期共赢意愿。

图灵测试与机器人三定律

通常对于"法"的理解是：体现统治阶级意志的、由国家制定或认可、并以国家强制力保证实施的规范体系。我们这里先把"法"做更广泛的解释，将它看作一种"规则"。

从人类对"人工智能"（机器人等）的基本规则设定，到社会经济生活中的政策法规，人工智能并非是一匹脱缰的野马在恣意狂奔。它自己、与它相关的主体，都在"法"的大框架下运行着，也许未来存在失控的可能，但从其诞生时起，便没有停止被法律规则所制约。

1. 图灵测试——判断人与非人的规则

图灵测试是指测试者人类在与被测试者（一个人和一台机器）隔开的情况下，通过一些装置（如键盘）向被测试者随意提问。进行多次测试后，如果有超过30%的测试者不能确定出被测试者是人还是机器，那么这台机器就通过了测试，并被认为具有人类智能。

图灵测试一词来源于计算机科学和密码学的先驱阿兰·麦席森·图灵写于1950年的一篇论文《计算机器与智能》，其中30%是图灵对2000年的机器思考能力的一个预测。[5]

第一部分
历史魅影

图灵测试本身就是一种规则,是一种认定什么是机器、什么是人的规则,如果把这种类似的规则,上升到国家强制力的层面、认定法律参与主体资格上面,它便构成了严格意义上的法。

2. 机器人三定律——制造与监督机器人时的准则

在1950年,格诺姆出版社出版了阿西莫夫的《我,机器人》。读者第一次领略阿西莫夫机器人科幻小说的魅力。阿西莫夫为这本书新写了"引言","引言"的小标题就是"机器人学的三大法则",把"机器人学三大法则"放在了最突出、最醒目的地位。

而三大法则之间的互相约束,为后世的创作提供了重要指导。

第一定律:机器人不得伤害人类个体,或者目睹人类个体将遭受危险而袖手不管。(Law Ⅰ: A ROBOT MAY NOT INJURE A HUMAN BEING OR, THROUGH INACTION, ALLOW A HUMAN BEING TO COME TO HARM.)

第二定律:机器人必须服从人给予它的命令,当该命令与第一定律冲突时例外。(Law Ⅱ: A ROBOT MUST OBEY ORDERS GIVEN IT BY HUMAN BEINGS EXCEPT WHERE SUCH ORDERS WOULD CONFLICT WITH THE FIRST LAW.)

第三定律:机器人在不违反第一、第二定律的情况下要尽可能保护自己的生存。(Law Ⅲ: A ROBOT MUST PROTECT ITS OWN EXISTENCE AS LONG AS SUCH PROTECTION DOES NOT CONFLICT WITH THE FIRST OR SECOND LAW.)

三定律在科幻小说中大放光彩,在一些其他作者的科幻小说中的机器人也遵守这三条定律。同时，三定律也具有一定的现实意义，在三定律基础上建立新兴学科"机械伦理学"旨在研究人类和机械之间的关系。虽然三定律在现实机器人工业中没有得到应用，但很多人工智能和机器人领域的技术专家也认同这个准则，随着技术的发展，三定律可能成为未来机器人制造的重要安全准则。

培育法律思维，建立我国前瞻性法律体系

随着人工智能在我国的快速发展，很难讲受其驱动的经济生活某些领域，是否会出现发展井喷的情况，尽快建立一个完备的、具有前瞻性的法律体系很有必要，同时，将法律思维向社会大众普及也很有必要。

1. 培育法律思维

笔者近些年授课时，开篇通常都会加讲"法律思维"的运用——向学员提供一张图（类似于彗星撞地球），让大家说一说，从法律人的头脑去思考，你的第一感觉想到了什么。由于同一事件对不同受众不断地重复，这就像是做了一个试验，结果很有趣：

（1）未经过法律培训的非法学学员，答案千奇百怪：有怀疑是不是彗星的，有担心鲸鱼灭亡的；

（2）经过系统的初级法律培训的学员，有一小半儿会指出为什么会撞向地球，进而给地球人类带来的损害；

（3）在法律行业工作过几年的学员，有一半儿的人会想到

彗星怎么就掉下来了呢？是不是有人受伤、要求赔款等，已经向着"法"去思考了；

（4）企业中高层管理者（包括民企和国企），很少有人会往法律主体确定、法律流程选择、证据采集手段、索赔金额计算等"法律人"的思考方向去想，还有相当一部分学员，认为上级领导没有发言自己是不能先行发言的，当然了，这也算一种规则意识，不过与法律思维就无关了；

（5）其他社会人员，讲故事、说笑话或不敢说话的，总之，五花八门、各式各样，很难有一下子便被我引上"法律思维"之途的。

这个例子很好地看出，法律被社会大众接纳的程度还比较弱，民众的法律思维需要不断加强。这对我国法律体系的建设，又提出了更高的要求，既要严谨细致，又要让大家能够去理解并去遵从。

2. 建立人工智能未来法律体系

对于和人工智能相关的、前瞻性法律体系的建设，笔者认为至少有如下十项工作要做：

（1）尽快建立信息共享系统，及时公布与人工智能相关的法律法规动态及最新学术成果，让大家知道不仅有馒头在蒸（经济发展），而且是需要排队购买的（法律限制），自始就建立大众的规则意识、处理问题的法律思维。

（2）在全面的新型法律系统建立起来之前，首先要前瞻性地框定"主体"身份，建立法律红线，必要时组织有关专家对什么是现有法律所涉的"人""公民"重新进行详细界定，对"人工智能"是否能够成为经济、民事或刑事等法律主体，应划定出清晰的标准，防患于未然。

（3）人工智能法律，应该明确所有者、研发者、运营者和使用者等各自的权利和义务，具体案件中法律责任承担要清晰。

（4）划定公共领域的共享资源与私人领域的独占资源，以分清对应的责任分担，确保既要促进发展、惠及大众，又要保障有序、激发创造活力。

（5）建立个人数据和隐私的合理保护机制，加强人工智能程序审查机制。

（6）对于实务中新出现的人工智能案例，在没有参照系的情况下，可以适用现有法律（如侵犯隐私、一般的侵权等）。

（7）最高人民法院在必要时，临时对现行法律进行扩大解释（如某些特殊的刑事侵害、基于网络的犯罪等）。

（8）系统改造现有法律有关条款，将人工智能问题一步步纳入进来。

（9）在适当时机制定出台全新的、成体系的法律法规，从宪法、基本法律、行政法规、部委规章，到地方政策、行业规范等。

（10）与国际接轨，从双边、多边条约开始，以民间行会进行尝试，最终建立全球普适的、在各国各地区均有强制执行力的人工智能国际法规范，这些规范既有与产业开发相关的，也有与生活利用相关的。

争取规则建立在前、冲突发生在后，以期问题呈现后最起码有法可依，避免司法协调的社会成本过高、最终执行出现困难。

参考资料：

［1］［美］罗素、诺维格：《人工智能一种现代的方法》（第3版）殷建平、祝恩、刘越等译，清华大学出版社2013年版。
［2］史忠植：《人工智能》，机械工业出版社2016年版。
［3］杨瑞："国家突然宣布：举全国之力，抢占全球人工智能制高点"，微信公众号"财经三分钟"。
［4］曹建峰："法律人工智能十大趋势"，微信公众号"法律读库"。
［5］A. M. Turing. Computing Machinery and Intelligence: Oxford University Press on behalf of the Mind Association, 1950.

第二部分 今日发展

人工智能发展基础
领域及其法律制度

一、计算机

二、互联网

三、大数据

四、云计算

人工智能的法律未来

第一部分我们回顾了人工智能的发展历程。可以看到人工智能其实并不是一个"新鲜事物",那么为什么到今天人工智能才加速发展呢?根据高盛的《全球人工智能行业报告》,是因为在过去的5到10年,三件事发生了改变。一是硬件设备。计算机的更新换代,特别是GPU的再次使用、低成本计算能力的普遍化,还有通过云服务,以及建立新的神经网络模型,已经极大地增加了神经网络产生结果的速度与准确率。二是数据。通过分布于全球的持续增长无所不在的互相联系的设备、机器和系统产生的非结构化数据的数量呈现巨大的增长。拥有的数据越多,神经网络就变得越有效率,这就意味着随着数据量的增长,机器语言可以解决问题的数量也在增长。三是算法。更好的输入(计算和数据)使得更多的研发是面向算法,从而支持深度学习的使用。如伯克利的Caffe、谷歌的Tensor Flow和Torch的开源框架。

那么在本部分,我们就来分享一下计算机、互联网、大数据等人工智能发展的基础领域的相关情况及其法律制度和相关法律问题。

一、计算机

如果不算软件,计算机这一硬件就是人工智能的核心载体,计算机发展的人工智能化是未来的必然趋势。

现代计算机具有强大的功能和运行速度,但与人脑相比,其智能化和逻辑能力仍有待提高。人类在不断探索如何让计算机能够更好地反映人类思维,使计算机能够具有人类的逻辑思维判断能力，可以通过思考与人类沟通交流，抛弃以往依靠编码程序来运行计算机的方法，从而直接对计算机发出口头指令。

计算机发展历程

计算机是20世纪最先进的科学技术发明之一，对人类的生产活动和社会活动产生了极其重要的影响，并以强大的生命力飞速发展。它的应用领域从最初的军事科研领域扩展到社会的各个领域，已形成了规模巨大的计算机产业，带动了全球范围的技术进步，由此引发了深刻的社会变革。计算机已遍及一般学校、企事业单位，进入寻常百姓家，成为信息社会中必不可少的工具。

计算工具的演化经历了由简单到复杂、从低级到高级的不同阶段，如从"结绳记事"中的绳结到算筹、算盘计算尺、机械计算机等。它们在不同的历史时期发挥了各自的历史作用，同时也启发了现代电子计算机的研制思想。

1889年，美国科学家赫尔曼·何乐礼研制出以电力为基础的电动制表机，用以储存计算资料。

1930年，美国科学家范内瓦·布什造出世界上首台模拟电子计算机。

冯·诺伊曼对世界上第一台电子计算机"电子数字积分计算机"（Electronic Numerical And Calculator，ENIAC）的设计提出过建议，1945年3月他起草了一个全新的"存储程序通用电子计算机方案"——EDVAC（Electronic Discrete Variable Automatic Computer）。这对后来计算机的设计有决定性的影响，特别是确定计算机的结构，采用存储程序以及二进制编码等，至今仍为电子计算机设计者所遵循。

1946年2月14日，由美国军方定制的世界上第一台电子计算机"电子数字积分计算机"（ENIAC）在美国宾夕法尼亚大学问世了。埃尼阿克（ENIAC）是美国奥伯丁武器试验场为了满足计算弹道的需要而研制成的，这台计算机使用了17 840支电子管，重达28吨，功耗为170千瓦，其运算速度为每秒5000次的加法运算，造价约为487 000美元。

埃尼阿克的问世具有划时代的意义，表明电子计算机时代的到来。在以后60多年里，计算机技术以惊人的速度发展，没有任何一门技术的性能价格比能在30年内增长6个数量级。

1. 第一代：电子管数字机（1946—1958年）

硬件方面，逻辑元件采用的是真空电子管，主存储器采用汞延迟线电子管数字计算机、阴极射线示波管静电存储器、磁鼓、磁芯；外存储器采用的是磁带。软件方面采用的是机器语言、汇编语言。应用领域以军事和科学计算为主。

特点是体积大、功耗高、可靠性差、速度慢（一般为每秒数千次至数万次）、价格昂贵，但为以后的计算机发展奠定了基础。

2. 第二代：晶体管数字机（1958—1964年）

硬件方的操作系统、高级语言及其编译程序。应用领域以科学计算和事务处理为主，并开始进入工业控制领域。特点是体积缩小、能耗降低、可靠性提高、运算速度提高（一般为每秒数十万次，最高可达300万次），性能比第一代计算机有很大的提高。

第二部分 今日发展

3. 第三代：集成电路数字机（1964—1970年）

硬件方面，逻辑元件采用中、小规模集成电路（MSI、SSI），主存储器仍采用磁芯。软件方面出现了分时操作系统以及结构化、规模化程序设计方法。特点是速度更快（一般为每秒数百万次至数千万次），而且可靠性有了显著提高，价格进一步下降，产品走向了通用化、系列化和标准化等。应用领域开始进入文字处理和图形图像处理领域。

4. 第四代：大规模集成电路机（1970年至今）

硬件方面，逻辑元件采用大规模和超大规模集成电路（LSI和VLSI）。软件方面出现了数据库管理系统、网络管理系统和面向对象语言等。1971年世界上第一台微处理器在美国硅谷诞生，开创了微型计算机的新时代。应用领域从科学计算、事务管理、过程控制逐步走向家庭。

由于集成技术的发展，半导体芯片的集成度更高，每块芯片可容纳数万乃至数百万个晶体管，并且可以把运算器和控制器都集中在一个芯片上，从而出现了微处理器。而且可以用微处理器和大规模、超大规模集成电路组装成微型计算机，就是我们常说的微电脑或PC机。

一方面，微型计算机体积小，价格便宜，使用方便，但它的功能和运算速度已经达到甚至超过了过去的大型计算机。另一方面，利用大规模、超大规模集成电路制造的各种逻辑芯片，已经制成了体积并不是很大，但运算速度可达一亿甚至几十亿次的巨型

人工智能的法律未来

计算机。

我国继1983年研制成功每秒运算一亿次的银河Ⅰ型巨型机以后，又于1993年研制成功每秒运算十亿次的银河Ⅱ型通用并行巨型计算机。这一时期还产生了新一代的程序设计语言以及数据库管理系统和网络软件等。

随着物理元、器件的变化，不仅计算机主机经历了更新换代，它的外部设备也在不断地变革。如外存储器，由最初的阴极射线显示管发展到磁芯、磁鼓，之后又发展为通用的磁盘，现今又出现了体积更小、容量更大、速度更快的只读光盘（CD-ROM）等。[1]

中国现在已成为电子信息产品的制造大国，并逐步确立在全球产业分工体系中的重要地位，中国计算机产业未来将呈现六大发展趋势：

（1）大容量磁盘、环保型显示器走向普及；

（2）笔记本显示器走向两极分化；

（3）内存技术换代，软驱退出市场；

（4）无线应用成为主流；

（5）IA服务器市场份额将进一步提高；

（6）服务器低端市场细分化加剧。

未来的计算机

1. 第五代计算机

第五代计算机指具有人工智能的新一代计算机，它具有推理、联想、判断、决策、学习等功能。计算机的发展将在什么时候进入第五代？什么是第五代计算机？对于这样的问题，并没有一个明确统一的说法。

日本当局在1981年宣布要在10年内研制"能听会说、能识字、会思考"的第五代计算机，投资千亿日元并组织了一大批科技精英进行会战。这一宏伟计划曾经引得世界瞩目，并让一些美国人恐慌了好一阵子，有人甚至惊呼这是"科技战场上的珍珠港事件"。现在回头看，日本原来的研究计划只能说是部分地实现了。到了今天还没有哪一台计算机被宣称是第五代计算机。

但有一点可以肯定，在未来社会中，计算机、网络、通信技术将会三位一体化。新世纪的计算机将把人从重复、枯燥的信息处理中解脱出来，从而改变我们的工作、生活和学习方式，给人类和社会拓展了更大的生存和发展空间。未来我们会面对各种各样的计算机。

（1）能识别自然语言的计算机

未来的计算机将在模式识别、语言处理、句式分析和语义分析的综合处理能力上获得重大突破。它可以识别孤立单词、连续单词、连续语言和特定或非特定对象的自然语言（包括口语）。今后，人类将越来越多地同机器对话。他们将向个人计算机"口授"信件，同洗衣机"讨论"保护衣物的程序，或者用语言"制服"不听话的录音机。键盘和鼠标的时代将逐渐结束。

（2）高速超导计算机

高速超导计算机的耗电量仅为半导体器件计算机的几千分之一，它执行一条指令只需十亿分之一秒，比半导体元件快几十倍。以目前的技术制造出的超导计算机的集成电路芯片只有3~5平方毫米大小。

（3）激光计算机

激光计算机是利用激光作为载体进行信息处理的计算机，又叫光脑，其运算速度将比普通的电子计算机至少快1000倍。它依靠激光束进入由反射镜和透镜组成的阵列中来对信息进行处理。

与电子计算机的相似之处是，激光计算机也靠一系列逻辑操作来处理和解决问题。光束在一般条件下的互不干扰的特性，使得激光计算机能够在极小的空间内开辟很多平行的信息通道，密度大得惊人。一块截面等于5分硬币大小的棱镜，其通过能力超过全球现有全部电缆的许多倍。

（4）分子计算机

分子计算机正在酝酿。美国惠普公司和加州大学，1999年7月16日宣布，已成功地研制出分子计算机中的逻辑门电路，其线宽只有几个原子直径之和。分子计算机的运算速度是目前计算机的1000亿倍，最终将取代硅芯片计算机。

（5）量子计算机

量子力学证明，个体光子通常不相互作用，但是当它们与光学谐振腔内的原子聚在一起时，它们相互之间会产生强烈影响。光子的这种特性可用来发展量子力学效应的信息处理器件——光学量子逻辑门，进而制造量子计算机。量子计算机利用原子的多重自旋进行。量子计算机可以在量子位上计算，可以在0和1之间计算。在理论方面，量子计算机的性能能够超过任何可以想象的标准计算机。

（6）DNA计算机

科学家研究发现，脱氧核糖核酸（DNA）有一种特性，能够携带生物体的大量基因物质。数学家、生物学家、化学家以及计算机专家从中得到启迪，正在合作研究制造未来的液体DNA计算机。

这种DNA计算机的工作原理是以瞬间发生的化学反应为基础，通过和酶的相互作用，将发生过程进行分子编码，把二进制数翻译成遗传密码的片段，每一个片段就是著名的双螺旋的一个链，然后对问题以新的DNA编码形式加以解答。

和普通的计算机相比，DNA计算机的优点首先是体积小，但存储的信息量却超过现在世界上所有的计算机。

2. 第六代计算机

（1）神经元计算机

人类神经网络的强大与神奇是人们所共知的。将来，人们将制造能够完成类似人脑功能的计算机系统，即人造神经元网络。神经元计算机最有前途的应用领域是国防：它可以识别物体和目标，处理复杂的雷达信号，决定要击毁的目标。神经元计算机的联想式信息存储、对学习的自然适应性、数据处理中的平行重复现象等性能都将异常有效。

（2）生物计算机

生物计算机主要是以生物电子元件构建的计算机。它利用蛋白质有开关特性，用蛋白质分子做元件从而制成生物芯片。其性

43

能是由元件与元件之间电流启闭的开关速度来决定的。用蛋白质分子制成的计算机芯片，它的一个存储点只有一个分子大小，所以它的存储容量可以达到普通计算机的十亿倍。由蛋白质构成的集成电路，其大小只相当于硅片集成电路的十万分之一。而且运行速度更快，只有10^{-11}秒，大大超过人脑的思维速度。

现有法律规制

由于计算机与互联网密切相关，许多政策法规对这两者的约束有所交叉。这里重点介绍仅与计算机有关的法律法规，与互联网有关的规定在相应章节再另行介绍。

1. 软件著作权保护

我国在计算机软件著作权保护方面，加入了《保护文学和艺术作品伯尔尼公约》（以下简称《伯尔尼公约》）确定了"国民待遇原则"，例如，某软件生产商所在国也加入了《伯尔尼公约》，其在我国境内便视同我国"国民"、同样受到我国著作权法的保护，中国的软件生产商向外亦同理。

我国现行有效的软件保护规定是《计算机软件保护条例（2013修订）》，该条例被保护的主体、权利类别、侵权情形及责任相关规定如下。

（1）被保护的主体

该条例明确了保护主体：①中国公民、法人或者其他组织对其所开发的软件，不论是否发表，依照本条例享有著作权；②外国人、无国籍人的软件首先在中国境内发行的，依照本条例享有著作权；③外国人、无国籍人的软件，依照其开发者所属国或者经常居住地国同中国签订的协议或者依照中国参加的国际条约享有的著作权，受本条例保护。

（2）权利类别

该条例对软件著作权人享有的各项权利进行了明确：①发表权，即决定软件是否公之于众的权利；②署名权，即表明开发者身份，在软件上署名的权利；③修改权，即对软件进行增补、删节，或者改变指令、语句顺序的权利；④复制权，即将软件制作一份或者多份的权利；⑤发行权，即以出售或者赠予方式向公众提供软件的原件或者复制件的权利；⑥出租权，即有偿许可他人临时使用软件的权利，但是软件不是出租的主要标的的除外；⑦信息网络传播权，即以有线或者无线方式向公众提供软件，使公众可以在其个人选定的时间和地点获得软件的权利；⑧翻译权，即将原软件从一种自然语言文字转换成另一种自然语言文字的权利；⑨应当由软件著作权人享有的其他权利。

软件著作权人可以许可他人行使其软件著作权，并有权获得报酬。软件著作权人可以全部或者部分转让其软件著作权，并有权获得报酬。

（3）侵权情形及责任

该条例明确了侵犯软件著作权的法律责任。

除《中华人民共和国著作权法》或者本条例另有规定外，有下列侵权行为的，应当根据情况，承担停止侵害、消除影响、赔礼道歉、赔偿损失等民事责任：①未经软件著作权人许可，发表或者登记其软件的；②将他人软件作为自己的软件发表或者登记的；③未经合作者许可，将与他人合作开发的软件作为自己单独完成的软件发表或者登记的；④在他人软件上署名或者更改他人软件上的署名的；⑤未经软件著作权人许可，修改、翻译其软件的；⑥其他侵犯软件著作权的行为。

除《中华人民共和国著作权法》、本条例或者其他法律、行政法规另有规定外，未经软件著作权人许可，有下列侵权行为的，应当根据情况，承担停止侵害、消除影响、赔礼道歉、赔偿损失等民事责任；同时损害社会公共利益的，由著作权行政管理部门责令停止侵权行为，没收违法所得，没收、销毁侵权复制品，可以并处罚款；情节严重的，著作权行政管理部门可以没收主要用于制作侵权复制品的材料、工具、设备等；触犯刑法的，依照刑法关于侵犯著作权罪、销售侵权复制品罪的规定，依法追究刑事责任：①复制或者部分复制著作权人的软件的；②向公众发行、出租、通过信息网络传播著作权人的软件的；③故意避开或者破坏著作权人为保护其软件著作权而采取的技术措施的；④故意删除或者改变软件权利管理电子信息的；⑤转让或者许可他人行使著作权人的软件著作权的。

有前款第一项或者第二项行为的，可以并处每件100元或者货值金额1倍以上5倍以下的罚款；有前款第三项、第四项或者第五项行为的，可以并处20万元以下的罚款。

2. 计算机信息系统安全保护

《中华人民共和国计算机信息系统安全保护条例（2011修

订）》由国务院于1994年颁布，2011年修订。

该条例指出：本条例所称的计算机信息系统，是指由计算机及其相关的和配套的设备、设施（含网络）构成的，按照一定的应用目标和规则对信息进行采集、加工、存储、传输、检索等处理的人机系统。

该条例将有关危害信息系统安全的行为进行了限定，明确了法律责任。

违反本条例的规定，有下列行为之一的，由公安机关处以警告或者停机整顿：

（1）违反计算机信息系统安全等级保护制度，危害计算机信息系统安全的；

（2）违反计算机信息系统国际联网备案制度的；

（3）不按照规定时间报告计算机信息系统中发生的案件的；

（4）接到公安机关要求改进安全状况的通知后，在限期内拒不改进的；

（5）有危害计算机信息系统安全的其他行为的。

故意输入计算机病毒以及其他有害数据危害计算机信息系统安全的，或者未经许可出售计算机信息系统安全专用产品的，由公安机关处以警告或者对个人处以5000元以下的罚款、对单位处以15 000元以下的罚款；有违法所得的，除予以没收外，可以处以违法所得1~3倍的罚款。

违反本条例的规定，构成违反治安管理行为的，依照《中华人民共和国治安管理处罚法》的有关规定处罚；构成犯罪的，依法追究刑事责任。

任何组织或者个人违反本条例的规定,给国家、集体或者他人财产造成损失的,应当依法承担民事责任。

当事人对公安机关依照本条例所作出的具体行政行为不服的,可以依法申请行政复议或者提起行政诉讼。

执行本条例的国家公务员利用职权,索取、收受贿赂或者有其他违法、失职行为,构成犯罪的,依法追究刑事责任;尚不构成犯罪的,给予行政处分。

3. 计算机刑事犯罪

(1) 常见罪名

《中华人民共和国刑法(2015修正)》(以下简称《刑法》)中与"计算机"相关的条款如下:

第二百一十七条 【侵犯著作权罪】以营利为目的,有下列侵犯著作权情形之一,违法所得数额较大或者有其他严重情节的,处三年以下有期徒刑或者拘役,并处或者单处罚金;违法所得数额巨大或者有其他特别严重情节的,处三年以上七年以下有期徒刑,并处罚金:(一)未经著作权人许可,复制发行其文字作品、音乐、电影、电视、录像作品、计算机软件及其他作品的;(二)出版他人享有专有出版权的图书的;(三)未经录音录像制作者许可,复制发行其制作的录音录像的;(四)制作、出售假冒他人署名的美术作品的。

第二百八十五条 【非法侵入计算机信息系统罪;非法获取计算机信息系统数据、非法控制计算机信息系统罪;提供侵入、非法控制计算机信息系统程序、工具罪】违反国家规定,侵入国家事务、国防建设、尖端科学技术领域的计算机信息系统的,处三年以下有期徒刑或者拘役。

违反国家规定,侵入前款规定以外的计算机信息系统或者采用其他技术手段,获取该计算机信息系统中存储、处理或者传输的数据,或者对该计算机信息系统实施非法控制,情节严重的,处三年以下有期徒刑或者拘役,并处或者单处罚金;情节特别严重的,处三年以上七年以下有期徒刑,并处罚金。

提供专门用于侵入、非法控制计算机信息系统的程序、工具,或者明知他人实施侵入、非法控制计算机信息系统的违法犯罪行为而为其提供程序、工具,情节严重的,依照前款的规定处罚。

单位犯前三款罪的,对单位判处罚金,并对其直接负责的主管人员和其他直接责任人员,依照各该款的规定处罚。

第二百八十六条 【破坏计算机信息系统罪;网络服务渎职罪】违反国家规定,对计算机信息系统功能进行删除、修改、增加、干扰,造成计算机信息系统不能正常运行,后果严重的,处五年以下有期徒刑或者拘役;后果特别严重的,处五年以上有期徒刑。

违反国家规定,对计算机信息系统中存储、处理或者传输的数据和应用程序进行删除、修改、增加的操作,后果严重的,依照前款的规定处罚。

故意制作、传播计算机病毒等破坏性程序,影响计算机系统正常运行,后果严重的,依照第一款的规定处罚。

单位犯前三款罪的,对单位判处罚金,并对其直接负责的主管人员和其他直接责任人员,依照第一款的规定处罚。

第二百八十七条 【利用计算机实施犯罪的提示性规定】利用计算机实施金融诈骗、盗窃、贪污、挪用公款、窃取国家秘密或者其他犯罪的,依照本法有关规定定罪处罚。

(2)过失泄露国家秘密罪

对于《刑法》第三百九十八条规定的"过失泄露国家秘密案",《最高人民检察院关于渎职侵权犯罪案件立案标准的规定》(高检发释字〔2006〕2号)指出:

国家机关工作人员或者非国家机关工作人员违反保守国家秘密法,过失泄露国家秘密,或者遗失秘密文件,致使国家秘密被不应知悉者知悉或者超出了限定的接触范围,情节严重涉嫌下列情形之一的,应予刑事立案:……(四)违反保密规定,将涉及国家秘密的计算机或者计算机信息系统与互联网相连接,泄露国家秘密的……(六)其他情节严重的情形。

(3)对"病毒"的解释

《最高人民法院 最高人民检察院关于办理危害计算机信息系统安全刑事案件应用法律若干问题的解释》(法释〔2011〕19号)对《刑法》中涉及计算机犯罪的有关条款,进行了较为详细的解释,如第五条对病毒的规定。

具有下列情形之一的程序,应当认定为刑法第二百八十六条第三款规定的"计算机病毒等破坏性程序":①能够通过网络、存储介质、文件等媒介,将自身的部分、全部或者变种进行复制、传播,并破坏计算机系统功能、数据或者应用程序的;②能够在预先设定条件下自动触发,并破坏计算机系统功能、数据或者应用程序的；③其他专门设计用于破坏计算机系统功能、数据或者应用程序的程序。

实务法律问题

1. 计算机软件著作权的归属

计算机软件著作权归属分为两类：第一，原始取得：一般是谁开发谁享有著作权，即归属软件开发者（包括自然人、法人或者其他组织）；第二，继受取得：即依法以受让、继承、承受等方式取得软件著作权。

（1）个人作品

软件著作权属于软件开发者。软件开发者，是指实际组织开发、直接进行开发，并对开发完成的软件承担责任的法人或者其他组织；或者依靠自己具有的条件独立完成软件开发，并对软件承担责任的自然人。如无相反证明，在软件上署名的自然人、法人或者其他组织为开发者。

（2）约定/合作作品

两个以上的自然人、法人或者其他组织合作开发的软件，其著作权的归属由合作开发者签订书面协议或合同约定。无书面合同和协议或者合同未作明确约定，合作开发的软件可以分割使用的，开发者对各自开发的部分可以单独享有软件著作权。合作开发的软件不能分割使用的，其著作权由各合作开发者共同享有，通过协商一致行使；不能协商一致，又无正当理由的，任何一方不得阻止他方行使除转让权以外的其他权利，但是所得收益应当合理分配给所有合作开发者。

接受他人委托开发的软件,其著作权的归属由委托人与受托人签订书面协议或合同约定;无书面合同和协议或者合同未作明确约定的,其著作权由受托人享有。

(3)法人作品

由国家机关下达任务开发的软件,著作权的归属与行使由项目任务书或者合同规定;项目任务书或者合同中未作明确规定的,软件著作权由接受任务的法人或者其他组织享有。

(4)职务作品

自然人在法人或者其他组织中任职期间所开发的软件有下列情形之一的,该软件著作权由该法人或者其他组织享有,该法人或者其他组织可以对开发软件的自然人进行奖励:①针对本职工作中明确指定的开发目标所开发的软件;②开发的软件是从事本职工作活动所预见的结果或者自然的结果;③主要使用了法人或者其他组织的资金、专用设备、未公开的专门信息等物质技术条件所开发并由法人或者其他组织承担责任的软件。

2. 计算机软件著作权的登记

根据国家版权局2002年颁布的《计算机软件著作权登记办法》:国家版权局主管全国软件著作权登记管理工作。国家版权局认定中国版权保护中心为软件登记机构。经国家版权局批准,中国版权保护中心可以在地方设立软件登记办事机构。

该办法规定:

第九条 申请软件著作权登记的,应当向中国版权保护中心提交以下材料：（一）按要求填写的软件著作权登记申请表；（二）软件的鉴别材料；（三）相关的证明文件。

第十一条　申请软件著作权登记的，应当提交以下主要证明文件：（一）自然人、法人或者其他组织的身份证明；（二）有著作权归属书面合同或者项目任务书的，应当提交合同或者项目任务书；（三）经原软件著作权人许可，在原有软件上开发的软件，应当提交原著作权人的许可证明；（四）权利继承人、受让人或者承受人，提交权利继承、受让或者承受的证明。

第二十条　中国版权保护中心应当自受理日起60日内审查完成所受理的申请，申请符合《条例》和本办法规定的，予以登记，发给相应的登记证书，并予以公告。

3. 软件侵权的认定

（1）认定前提

根据《中华人民共和国著作权法》（以下简称《著作权法》）第四十七条第（一）项的规定，除该法另有规定外，未经著作权人许可，复制、发行其作品的，属于侵害著作权的行为。《计算机软件保护条例》第二十四条也有类似规定。因此，被告有没有实施未经许可的复制行为是决定其是否承担侵权责任的前提。

（2）认定方法

北京市高级人民法院《关于审理计算机软件著作权纠纷案件的几个问题的意见》，对于侵权的认定方法进行了规定："1. 对于原告关于被告的软件是原告软件复制品的指控，被告予以承认的，不需对双方的软件再做勘验、演示或鉴定。2.使用他人软件部分构成被使用软件的必要部分、主要部分或实质部分的，构成侵权。"

根据上述规定，认定方法形式上有如下两种。

第一，被告承认的，直接认定侵权。

第二，被告不承认的，采用以下方法：①现场勘验、演示；②专业鉴定。

根据相关案例，为比较原被告双方的软件程序，通常需要聘请专业的鉴定机构进行鉴定，鉴定结论除了包括重合率外，一般还会对两个软件程序是否相同或实质性相同给出一个定论。

（3）认定标准

结合法规和相关案例，在计算机软件侵权纠纷中，判断是否存在侵权行为的主要标准是：①比较软件著作权人、被控侵权人双方的软件源程序之间是否相同或者构成实质性相同；②使用他人软件部分构成被使用软件的必要部分、主要部分或实质部分的，构成侵权。

在有关案例中，重合率达到60%，便认定为实质性相同、侵权成立。

（4）法院审查思路

法院认定计算软件著作权侵权行为成立，其思路为：第一，原告是否拥有该计算机软件的著作权或相关合法权利；第二，被告的行为是否经原告授权或者是否有其他合法依据；第三，对双方的软件源进行比对。如果软件著作权人、被控侵权人双方的软件程序、文档之间相同或者构成实质性相同，则判定被控侵权人承担侵权的民事责任。[2]

4. 反向工程

反向工程，是指通过技术手段对从公开渠道取得的产品进行拆卸、测绘、分析等而获得该产品的有关技术信息。软件反向工程，可以理解为是行为人通过对他人软件的目标程序进行逆向分析，推导并获得他人软件所使用的原理、结构、算法、顺序、处理过程、运行方法等设计要素和其他技术信息，为我所用。

作为侵害计算机软件著作权纠纷案的常用"抗辩"理由（被告主张侵权不成立）之一，反向工程曾起到平衡商业秘密权益与公众权益的作用，但也存在被滥用的困境。

为避免反向工程被滥用，最高人民法院在《关于审理不正当竞争民事案件应用法律若干问题的解释》（法释〔2007〕第2号）中明确规定，当事人以不正当手段知悉了他人的商业秘密之后，又以反向工程为由主张获取行为合法的，不予支持。

软件反向工程会触及对他人软件的复制、修改。从行为人（被告）的立场而言，如何从合理使用角度进行答辩，需要悉心比对原程序代码与新程序代码的异同，综合考量。[3]

5. 软件侵权的赔偿标准

1996年，北京市高级人民法院印发的《关于审理计算机软件著作权纠纷案件的几个问题的意见》，在实务中依然具有指导意义，关于赔偿的规定如下：

（一）侵权软件著作权的损害赔偿，应依照民法通则的规定，侵权人的赔偿范围应与被侵权人的损失范围相当。

（二）赔偿的几种方法

1. 以被侵权人因被侵权所受到的损失为赔偿数额。

计算方法是：因侵权人的侵权复制品在市场上销售使软件著作权人或其合法受让者的软件销售量下降，其销售量减少的总数乘以每个软件的利润所得之积，即为被侵权人的实际经济损失。

在确定被侵权软件的价格时，可参照该软件登记时的报价。

2. 以侵权人因侵权行为获得的全部利润为赔偿数额。

计算方法是：侵权人从每件侵权复制品获得的利润乘以市场上销售的总数所得之积，即为侵权人所得的全部利润。

采取这种方式应考虑以下因素：（1）如果侵权人是采取比被侵权软件低的价格在市场上销售的，应以被侵权软件的销售价来侵权人所得；（2）如果侵权人能证明其所得的成本或必要费用的，予以扣除；不能证明的，以侵权行为所得之全部收入为其所得利润。

3. 在难以确定权利人的实际损害或侵权人的侵权获益时，侵权人应赔偿5000至30000元；如侵权人确有证据证明其不知道其行为已构成侵权并且侵权后果不严重的，可酌情将赔偿数额减少到5000元以下。

各法院运用此款确定赔偿额时，务必向市高院报告。

在采取上述方法确定赔偿额时，应考虑以下因素：被侵权软件的成熟程度、经济生命周期、潜在的用户数量、使用效益；侵权获利、侵权行为的社会影响、侵权手段、时间；侵权人的主观过错程度。

（三）几种损失的赔偿或支付

1. 因侵犯软件著作权而予以赔偿的，应以软件被侵权所受损害为限，不应以侵权人因硬件或与被侵权软件无关的软件所得进行赔偿。

但侵权软件与硬件配套使用、配套销售的，侵权人因硬件所得之部分利润应计算到赔偿数额中。

2. 全部败诉的，败诉方应偿付双方当事人因达到伸张权利或防卫权利目的而支出的必要、合理的调查取证费及委托律师的费用。

委托律师的费用仅限于委托两名律师的费用，且应以司法部规定的律师收费办法为计算标准。

"全部败诉"是指原告的诉讼请求，包括请求数额被全部否定。

3. 胜诉方所指控的侵权行为被全部认定。虽然所请求赔偿数额高于判决认定的数额，但所多要求的部分在比例上比较小的，败诉方仍应承担胜诉方调查取证费和委托律师费；所多要求的部分比例过大的，则败诉方偿付对方的调查取证费和委托律师费可按判决确定的诉讼费承担比例确定。

4. 侵权行为给被侵权人的商业信誉等精神权利造成损害的，可根据民法通则第一百二十条的规定责令侵权人赔礼道歉，公开登报消除影响，并可酌情令其赔偿被侵权人为消除影响、恢复商业信誉采取补救措施的费用；必要情况下，还应令其给予经济赔偿。

调查取证费、委托律师费及商业信誉损失的赔偿，以当事人已提出诉讼请求为前提。

人工智能的法律未来

发展中需关注的几个权利保护问题

1. 对软件"界面"的保护问题

软件界面是否属于著作权的客体,之前历来存在争议,因为《著作权法》规定只要具有独创性的作品就可以获得著作权。但软件的操作和功能的实现,均有赖于按照界面设置进行操作,因此软件界面是否可以被纳入著作权保护范围历来存疑。

不过从法院近些年来的判决可以看出,软件的用户界面一般并不作为著作权客体进行保护,目前比较通行的理由有三点。

(1)软件用户界面一般均是其功能性的体现,是操作方法的一部分

软件的页面布局包括着色、线条、模块、布局等智力劳动筛选和设计。但是这种筛选和设计更多的是为软件的功能性所服务,同类软件在页面布局方面相似,往往是来自于功能的相似。

同时,客观上"用户通过用户界面操作计算机程序,用户界面则向用户显示程序运行的结果。用户界面的实用性要求用户界面的设计必须根据用户的具体需求,并尽可能借鉴已有用户界面的共同要素,以符合用户的使用习惯,为用户所接受"。因此,功能性相似导致的界面借鉴,其实质是对操作方法的借鉴。而操作方法在本质上属于一种思想,按照著作权的基本理论思想并不受《著作权法》的保护。

(2)软件用户界面也有表达受限的问题

正是由于软件功能性的相似,导致页面布局上的功能钮的设

置及其使用方法的说明也必定相似。为此，即便部分操作方法的表达可以作为著作权保护的客体，但因"表达受限"或者说因为"混合原则"，对拥有较少表达方式的内容进行著作权保护的话，势必导致在先权利人对部分内容的垄断，而这些基础内容的垄断反而会阻碍作品的传播，这与《著作权法》的根本目的是相悖的。因此，功能设置、界面设置及其使用方法的说明，也无法得到《著作权法》的保护。

（3）特定类型软件的页面设置已经进入共有领域

软件最基本的一些设置，如"打印""保存"等，作为软件运行所必不可少的一部分，其实质已经进入了公有领域，因此无法得到《著作权法》的保护。

目前看来，软件的用户界面一般无法通过《著作权法》进行保护，不过《专利审查指南（2017修订）》已经明确软件界面可以通过专利权进行保护。

除此之外，软件的开发者还能通过其他如《中华人民共和国商标法》（以下简称《商标法》）《中华人民共和国反不正当竞争法》（以下简称《反不正当竞争法》）等途径来实现对软件界面的法律保护。[4]

2. 对计算机程序（软件）的专利保护

计算机程序（软件产品）在中国可以通过以下渠道得到保护：著作权、商标权、专利权以及商业秘密。在这四种不同的保护形式下，几乎所有的计算机软件产品都能通过著作权和申请注册商标来得到保护，也可以通过商业秘密的形式借助于《反不正当竞争法》得到保护。但并非所有的计算机软件都能通过《中华人民共和国专利法》（以下简称《专利法》）进行保护。

尽管如此，对计算机软件的专利保护在中国仍十分重要，因为其维权力度强于其他形式的知识产权保护。

国家知识产权局审查涉及计算机程序的专利时，主要依据的是《专利法》《中华人民共和国专利法实施细则》和《专利审查指南（2017修订）》，具体包括如下几方面。

（1）否定性条件

《专利法》第二十五条第一款第（二）项之规定，"对智力活动的规则和方法不授予专利权"。

根据《专利审查指南（2017修订）》第二部分第九章，当一项权利要求仅包括以下内容时，其将被认定为《专利法》第二十五条第一款第（二）项下不授予专利权的"智力活动的规则和方法"：①一种算法或数学计算规则；②计算机程序本身或仅仅记录在载体（如磁带、磁盘、光盘、磁光盘、ROM、PROM、VCD、DVD或者其他的计算机可读介质）上的计算机程序；③游戏的规则和方法等。

如果一项权利要求除其主题名称之外，对其进行限定的全部内容仅仅涉及一种算法或者数学计算规则，或程序本身，或游戏的规则和方法等，而缺乏实体特征，则该权利要求实质上仅仅涉及智力活动的规则和方法，不属于专利保护的客体。

但是，如果一项权利要求在对其进行限定的全部内容中既包含"智力活动的规则和方法"的内容，又包含"技术特征"。例如，在对上述游戏装置等限定的内容中既包括游戏规则，又包括技术特征，则该权利要求就整体而言并不是一种智力活动的规则和方法，不应当依据《专利法》第二十五条第一款第（二）项排除其获得专利权的可能性。

（2）肯定性条件

《专利法》第二条第二款规定，"发明，是指对产品、方法或者其改进所提出的新的技术方案"，这表明任何可授予专利权的主题名称应当包含"技术"方案。

目前中国的法律体系还没有对"技术"给出一个明确的定义，其含义仍在探讨之中。根据一些学术论点，当评价一个方案是否为技术方案时，应考虑以下因素：①是否利用自然规律解决了人类生产中的问题；②是否提高了生产力和生产效率；③是否是思维活动的物化和商业化；④是否独立于商业规则等。

根据《专利审查指南（2017修订）》，"涉及计算机程序的发明"的定义是"为解决发明提出的问题，全部或部分以计算机程序处理流程为基础，通过计算机执行按上述流程编制的计算机程序，对计算机外部对象或内部对象进行控制或处理的解决方案"。

"计算机程序"的定义是"为了能够得到某种结果而可以由计算机等具有信息处理能力的装置执行的代码化指令序列，或者可被自动转换成代码化序列的符合化指令序列或者符合化语句序列。计算机程序本身包括源程序和目标程序"。

通常采用"三步法"判定一个涉及计算机程序的发明是否具有技术方案，即执行计算机程序的目的是否是解决技术问题，是否利用技术手段运行计算机程序，及对外部或内部对象进行控制或处理是否能产生技术效果。

应当注意，《专利审查指南（2017修订）》规定，涉及计算机程序的发明专利并不必须包含对计算机硬件结构的改变。[5]

3. 对底层"源代码"的保护

软件程序源代码，行业内又称底层算法，是计算机软件产品的技术核心内容。

（1）开源的程序源代码保护

第一，开源软件产品的程序源代码仍享有著作权。

开源软件的创作者并不因为公开源代码而丧失其著作权，而是建立在承认著作权的前提下，通过许可证来实现对开源软件的约束，每个开源软件使用者只有在遵守约束的情况下，才有权复制、修改和发布软件或者从事与此有关的其他工作。

第二，利用开源软件设计产品问题。

虽然开源软件许可证条款一般都允许使用者将软件进行修改、演绎并产生演绎作品，开源软件创作者仍拥有著作权，但是修改者将演绎作品进行商业性使用，仍须严格遵循许可证条款的约定。

开源软件的许可证，最有影响力的是OSI开源许可证体系和自由软件基金会FSF的通用公共许可协议GPL。当然，不同的许可证的要求是不同的，如使用者不愿意传播发行自己修改的源代码，则可以选择BSD许可证。作为商业性使用开源软件的厂商，如何选择许可证也是应该予以思考的重要问题。

（2）未开源的程序源代码保护

第一，著作权保护。

如果经过中立机构鉴定，认为被控侵权人的程序源代码与著作权人的程序源代码之间存在相同或者构成实质性相同，而被控侵权人不存在其他法定理由或者合理解释时，其行为就落入了《著作权法》规定的复制、部分复制或者剽窃他人作品的侵权行为。

第二，反不正当竞争保护。

具有独家内容平台的厂商，会将其软件产品与内容平台之间通过产品软件中的驱动程序所带"平台与特定设备间的交互规则"（又称交互协议、通信协议）进行绑定。如果在后设计的产品与在先的厂商特定内容平台进行了兼容，那么最终产生的市场效果是：厂商的内容平台被其他产品所利用，客观上降低了厂商自我产品的市场占有率，根据我国《反不正当竞争法》的规定，该行为违反了诚实信用原则、违背了应遵循的商业道德，厂商可以提起不正当竞争之诉。

第三，商业秘密保护。

商业秘密是指不为公众所知悉、能为权利人带来经济利益，具有实用性并经权利人采取保密措施的技术信息和经营信息。根据国家工商行政管理局的《关于禁止侵犯商业秘密行为的若干规定》的列举，软件是技术信息的商业秘密载体之一，权利人可以其他厂商侵害商业秘密为由，提起侵权等诉讼。[6]

人工智能的法律未来

刑法对未来计算机领域的规制

随着计算机技术的不断发展,计算机将越来越聪明、智能,对于计算机本身向人的过渡、与人之间的性质的模糊等问题,我们在其他章节会有所涉及,这里只讲计算机作为"工具"这一属性之下,刑法这道社会底线性的法律如何介入的问题。

1. 保护隐私与打击犯罪的权衡

既然计算机作为工具,它便可以是被管理者——社会民众的工具,也可以是管理者——统治阶级/政府的工具。如果未来人还是能够保有现在的"人"的基本属性,未来的刑事立法、执法,也许最难权衡之处便是"保护隐私"与"打击犯罪"的界线如何划定。

刑法无法涵盖所有的犯罪形态,随着人工智能的发展,未来技术可以探知思想后,"涉嫌"问题将会层出,"保护隐私与打击犯罪"将被不断拿出来讨论与权衡。某一项思想活动或思想引起的行动,都需要对其性质进行界定:属于纯思想意识的隐私范畴、民事经济范畴,还是构成了刑事犯罪或犯罪预备。

我国现行刑事法律掌握的是"法无明文不为罪"的立法原则:

(1)法律明文规定为犯罪行为的,依照法律定罪处刑。

(2)法律没有明文规定为犯罪行为的,不得定罪处刑。

(3)一切危害国家主权、领土完整和安全,分裂国家、颠

第二部分 今日发展

覆人民民主专政的政权和推翻社会主义制度，破坏社会秩序和经济秩序，侵犯国有财产或者劳动群众集体所有的财产，侵犯公民私人所有权的财产，侵犯公民的人身权利、民主权利和其他权利，以及其他危害社会的行为，依照法律应当受刑罚处罚的，都是犯罪。

（4）但是，情节轻微、危害不大的，不认为是犯罪。

我们可以看到，刑事法律的阶级与经济局限性是显而易见的，未来的政经发展，将会使刑事法律不断调整更新，大胆想象一下——主权与领土意义的变动、国家的分立或合并、政府与企业的分立或合并、社会治理形式的异化、财产性质的变更、何为"私人"的不同理解、"轻微"问题的不同看法、意识形态的跃迁等，历史上都曾经导致过刑事政策法律规范的变动，所以未来的刑事法律也不是恒定的。

2. 刑法走向打击思想的"危机"

从刑事犯罪的过程来看，包括犯罪意向的形成、犯罪的预备、犯罪行为实施、犯罪后的应变。这些阶段将随着计算机技术的巨大进步而变得趋于一体化，其极端呈现便是"防患于未然"、深入"打击犯罪思想"（现在仅是惩罚犯罪行为）。

这并不是危言与科幻，且不说维稳防恐等各国的大计，从身边最简单的事就很容易想得到：我们当下用的某些存储空间早已被监控，如果有人存储了禁止类的敏感文件，哪怕放入"保险箱"加密上了锁，也会被直接删除。这就好像你洗澡洗一半的时候，有人大摇大摆地穿墙而入，当着光溜溜的你嬉笑着拿走面前的肥皂，扬长而去，你都没有反应过来要去害羞……

今天，个人隐私空间几近于无，计算机的互联、万物相通，让我们把越来越多的隐私主动或被动地放弃了。未来随着计算机技术的智能化大发展，早晚有一天人类的思想也是一样的"裸奔"。

把刑法的打击深度进行最合理控制，既能最大限度地消灭犯罪，又能更好地保护"人"的存在。在人还是现代意义上的人的时代，未来刑法需要面对保护人类隐私的重大课题。

可喜的是，国家也在加紧与个人隐私保护相关的立法工作，全国人大于2017年3月15日发布了《中华人民共和国民法总则》（以下简称《民法总则》）（2017年10月1日实施），第一百一十一条便明确了对个人隐私、个人信息的保护："自然人的个人信息受法律保护。任何组织和个人需要获取他人个人信息的，应当依法取得并确保信息安全，不得非法收集、使用、加工、传输他人个人信息，不得非法买卖、提供或者公开他人个人信息。"这虽然是民事领域，但立法层级已经到了全国人大，属于国家基本法律，整体来讲又是一大进步。

二、互联网

互联网，在人工智能的领域常以"智能互联网"或"互联网智能"出现。其含义已经被延伸，与互联网有所差异并与其他学科交叉，但依然依托于互联网的本体。互联网与人工智能的结合，在社会经济与国家政策层面常以"互联网+人工智能""互联网+×××"来称谓。本章将介绍"互联网"这一本体、衍生概念及相关法律问题。

"我相信在21世纪,网络心理学和网络法律学会成为从业人数最多的职业。"——玛蒂娜·罗斯布拉特(Martine Rothblatt),《虚拟人》作者。

互联网概述

互联网(Internet),又称网际网络,或音译因特网、英特网,始于1969年美国的阿帕网。互联网是网络与网络之间所串联成的庞大网络,这些网络以一组通用的协议相连,形成逻辑上的单一巨大国际网络。

通常internet泛指互联网,而Internet则特指因特网。这种将计算机网络互相连接在一起的方法可称作"网络互联",在这一基础上发展出覆盖全世界的全球性互联网络称互联网,即是互相连接在一起的网络结构。

互联网并不等同万维网,万维网只是一建基于超文本相互链接而成的全球性系统,且是互联网所能提供的服务之一。

从互联网的诞生与发展脉络我们可以看出,政府的引导、大学的孕育、商业的促进等,都在起着作用,这才导致全民都能使用的互联网的出现。

1968年,美国参议员特德·肯尼迪(Ted.Kennedy)听说BBN赢得了ARPA协定作为内部消息处理器(IMP),特德·肯尼迪向BBN发送贺电祝贺他们在赢得"内部消息处理器"协议中表现出的精神。

1978年，UUCP（UNIX和UNIX拷贝协议）在贝尔实验室被提出。1979年，在互联网时代UUCP的基础上新闻组网络系统发展起来。新闻组（集中某一主题的讨论组）紧跟着也发展起来，它为在全世界范围内交换信息提供了一个新的方法。然而，人们并不认为新闻组是互联网的一部分，因为它并不共享TCP/IP协议，它连接着遍布世界的UNIX系统，并且很多互联网站点都充分地利用新闻组。新闻组是网络世界发展中的非常重大的一部分。

第一个检索互联网是在1989年发明出来，是由Peter Deutsch和他的全体成员在蒙特利尔（Montreal）的麦吉尔大学（McGill University）创造的，他们为FTP站点建立了一个档案，后来命名为Archie。这个软件能周期性地到达所有开放的文件下载站点，列出他们的文件并且建立一个可以检索的软件索引。检索Archie的命令是尤尼克斯操作系统（UNIX）命令，所以只有利用尤尼克斯操作系统才能充分利用它的性能。

1989年，在普及互联网应用的历史上又一个重大的事件发生了。Tim Berners和其他在欧洲粒子物理实验室的人——这些人在欧洲粒子物理研究所非常出名，提出了一个分类互联网信息的协议。这个协议，1991年后被称为WWW（World Wide Web），基于超文本协议——在一个文字中嵌入另一段文字的连接的系统，当你阅读这些页面的时候，你可以随时用它选择一段文字链接。虽然它出现在gopher之前，但发展十分缓慢。

由于最开始互联网是由政府部门投资建设的，所以它最初只是限于研究部门、学校和政府部门使用。除了以直接服务于研究部门和学校的商业应用之外，其他商业行为是不允许的。20世纪90年代初，当独立的商业网络开始发展起来，这种局面才被打破。这使得从一个商业站点发送信息到另一个商业站点而不经过政府资助的网络中枢成为可能。

1991年，第一个连接互联网的友好接口在明尼苏达州（Minnesota）大学被开发出来。当时学校只是想开发一个简单的菜单系统可以通过局域网访问学校校园网上的文件和信息。紧跟着大型主机系统的信徒和支持客户—服务器体系结构的拥护者们的争论开始了。开始时大型主机系统的信徒占据了上风，但自从客户—服务器体系结构的拥护者们，宣称他们可以很快建立起一个原型系统之后，大型主机系统的信徒不得不承认失败。客户—服务器体系结构的拥护者们很快做了一个先进的示范系统，这个示范系统叫作Gopher。这个Gopher被证明是非常好用的，之后的几年里全世界范围内出现10 000多个Gopher。

当内华达州立大学（University of Nevada）的Reno创造了VERONICA（通过Gopher使用的一种自动检索服务），Gopher的可用性大大加强了。

互联网互通是全球性的。这就意味着这个网络不管是谁发明了它，它是属于全人类的。

互联网的结构是按照"包交换"的方式连接的分布式网络。因此，在技术的层面上，互联网绝对不存在中央控制的问题。也就是说，不可能存在某一个国家或者某一个利益集团通过某种技术手段来控制互联网的问题。

反过来，也无法把互联网封闭在一个国家之内，除非建立的不是互联网。然而，与此同时，这样一个全球性的网络，必须要

人工智能的法律未来

有某种方式来确定联入其中的每一台主机。在互联网上绝对不能出现类似两个人同名的现象。这样，就要有一个固定的机构来为每一台主机确定名字，由此确定这台主机在互联网上的"地址"。然而，这仅仅是"命名权"，这种确定地址的权力并不意味着控制的权力。负责命名的机构除了命名之外，并不能做更多的事情。

同样，这个全球性的网络也需要有一个机构来制定所有主机都必须遵守的交往规则（协议），否则就不可能建立起全球所有不同的计算机、不同的操作系统都能够通用的互联网。下一代TCP/IP协议将对网络上的信息等级进行分类，以加快传输速度（比如，优先传送浏览信息，而不是电子邮件信息），就是这种机构提供的服务的例证。同样，这种制定共同遵守的"协议"的权力，也不意味着控制的权力。

毫无疑问，互联网的所有这些技术特征都说明对于互联网的管理完全与"服务"有关，而与"控制"无关。

事实上，互联网还远远不是我们经常说到的"信息高速公路"。这不仅因互联网的传输速度不够，更重要的是互联网还没有定型，还一直在发展、变化。因此，任何对互联网的技术定义也只能是当下的、现时的。与此同时，在越来越多的人加入到互联网中、越来越多地使用互联网的过程中，也会不断地从社会、文化的角度对互联网的意义、价值和本质提出新的理解。[7-10]

智能互联网

智能互联网是以物联网技术为基础，以平台型智能硬件为载体，按照约定的通信协议和数据交互标准，结合云计算与大数据应用，在智能终端、人、云端服务之间，进行信息采集、处理、分析、应用的智能化网络。具有高速移动、大数据分析和挖掘、智能感应与应用的综合能力，能够向传统行业渗透融合，提升传统行业的服务能力，连接百行百业，进行线上线下跨界全营销。

传统互联网时代营销主要围绕"厂家—代理商—零售商—客户"单向而动，以"坐销+行销"为主；到了PC互联网时代（互联网1.0）和移动互联网时代（互联网2.0），出现了"泛销售、众筹、包销、病毒、补贴"等"泛行销"模式+数据平台与资源整合营销；如今互联网经过几十年发展到了3.0时代，即智能互联网时代，出现场景化革命，商业营销也变成占领场景、延伸场景、应景交易的跨界、互动、智能的"全时段、全渠道、全融合"的全营销模式。

工业4.0的实质是"互联网+制造"，即智能互联网，其代表着互联网未来的发展方向，它不仅是传统互联网在工业领域的延伸，而且开启了一个人与物相连、物与物相连的大连接世界。[11-15]

"互联网智能"，通常并不单独使用，会用于"互联网智能工业""互联网智能家居""互联网智能终端"等，也就是我们所说的"互联网+"。

"互联网+"，是互联网发展的新业态，通俗来说，"互联网+"就是"互联网+各个传统行业"，但这并不是简单的两者相加，而是利用信息通信技术以及互联网平台，让互联网与传统行业进行深度融合，创造新的发展生态。它代表一种新的社会形态，即充分发挥互联网在社会资源配置中的优化和集成作用，将

人工智能的法律未来

互联网的创新成果深度融合于经济、社会各领域之中，提升全社会的创新力和生产力，形成更广泛的以互联网为基础设施和实现工具的经济发展新形态。

2015年7月4日，国务院印发《国务院关于积极推进"互联网+"行动的指导意见》。2016年5月31日，教育部、国家语委在京发布《中国语言生活状况报告（2016）》，"互联网+"入选十大新词和十个流行语。

"互联网+"概念的中心词是互联网，它是"互联网+"计划的出发点。"互联网+"计划具体可分为两个层次的内容来表述。一方面，可以将"互联网+"概念中的文字"互联网"与符号"+"分开理解。符号"+"意为加号，即代表着添加与联合。

这表明了"互联网+"计划的应用范围为互联网与其他传统产业，它是针对不同产业间发展的一项新计划，应用手段则是通过互联网与传统产业进行联合和深入融合的方式进行；另一方面，"互联网+"作为一个整体概念，其深层意义是通过传统产业的互联网化完成产业升级。

互联网通过将开放、平等、互动等网络特性在传统产业的运用，通过大数据的分析与整合，试图厘清供求关系；通过改造传统产业的生产方式、产业结构等内容，来增强经济发展动力，提升效益，从而促进国民经济健康有序发展。[16-23]

需要关注的互联网法律问题

"互联网+"无疑是时下企业运作的最热门话题之一，"互联网+"行动计划已经写入国家战略；阿里巴巴当天交易额跨过500亿元大关；小米的互联网营销以摧枯拉朽之势横扫线下渠道；越来越多的人抛弃商场而成为"网购一族"……

传统企业进军电子商务的激情被彻底点燃。企业"触网"已经不再是激情之举，而逐渐成为扭转线下销售颓势的救命稻草。未来，生存还是毁灭，还要关注电商。

"互联网+"的时代，企业有以下几项需要注意的基本法律事项。

1. 互联网"入口"抢注问题

域名、搜索关键词、App名称等是互联网接入的身份标识，被称为企业在互联网的商标，是用户寻找商家、购买产品或服务的入口。

（1）"保护性注册"加"域名争议解决"相结合的域名战略

域名，对于PC互联网的重要性不言而喻，但很多传统企业因远离互联网行业而忽略了域名的价值，待到进军电商时，才发现自己经营多年的品牌域名早已"名花有主"。一个具有互联网思维的企业，通常会采取"保护性注册"加"域名争议解决"的域名策略。

所谓保护性注册，即在公司名称或商标确定、发布新产品、进入新市场、收购新公司等情形对外公布之前，即将与之相同或相似的文字有选择性地注册为域名。

所谓域名争议解决，即企业通过谈判、域名仲裁、诉讼等方式，将别人抢注的域名夺回来。关于域名争议可以与中国互联网络信息中心（CNNIC）认证的域名争议解决机构联系争议事宜，目前的争议解决机构有两家：中国国际经济贸易仲裁委员会域名争议解决中心和香港国际仲裁中心。

（2）用足在先权利筑起搜索关键词、App名称保护墙

搜索引擎成为大多数电商网站的主要流量入口之一，搜索关键词一旦被盗用、冒用或先占的危害不言而喻，司法实践中的案例比比皆是，早年的"假冒大众搬场物流"案例即是如此。如何有效地利用注册商标专有权、驰名商标的跨类保护、商标的在先使用，或者知名商品的特有名称保护，在司法实践中往往是一项技术工作。

App是移动互联网时代的新事物。各大应用市场的App名称乱象，已经为未来该领域纠纷频发埋下了隐患。大多数App缺乏法定的在先权利，如何有效利用"不正当竞争"这个口袋策略，需要既有宏观战略眼光又有细节操作手段。

2. 企业名称和经营范围中的"电子商务"字样

从法律规定层面上讲，涉及这个问题的法律文件，在2014年以前，主要为国家工商行政管理总局发布的《关于电子商务登记有关问题的答复》（工商企字〔2002〕第258号，已经废止），答复中认为企业名称中可使用"电子商务"字样，但不宜将"电子商务"作为经营范围予以核定。其后取消了此类限制。

根据2016年12月《中华人民共和国电子商务法（草案）》的规定，电子商务经营主体应当依法办理工商登记。但是，依法无须取得许可的以个人技能提供劳务、家庭手工业、农产品自产自

销以及依照法律法规不需要进行工商登记的除外。具体办法由国务院规定。自然人通过电子商务第三方平台从事电子商务活动的，应当向电子商务第三方平台提交其姓名、地址、身份证明、联系方式等真实信息。电子商务经营主体应当依法从事经营活动，需要取得相关行政许可的，应当依法取得行政许可。

3. 开展电子商务的许可证管理

根据我国《中华人民共和国电信条例》（2016年修订）的规定：

经营基础电信业务，须经国务院信息产业主管部门审查批准，取得《基础电信业务经营许可证》。

经营增值电信业务，业务覆盖范围在两个以上省、自治区、直辖市的，须经国务院信息产业主管部门审查批准，取得《跨地区增值电信业务经营许可证》；业务覆盖范围在一个省、自治区、直辖市行政区域内的，须经省、自治区、直辖市电信管理机构审查批准，取得《增值电信业务经营许可证》。

运用新技术试办《电信业务分类目录》未列出的新型电信业务的，应当向省、自治区、直辖市电信管理机构备案。

申请经营的增值电信业务，按照国家有关规定须经有关主管部门审批的，还应当提交有关主管部门审核同意的文件。国务院信息产业主管部门或者省、自治区、直辖市电信管理机构应当自收到申请之日起60日内审查完毕，作出批准或者不予批准的决定。予以批准的，颁发《跨地区增值电信业务经营许可证》或者《增值电信业务经营许可证》；不予批准的，应当书面通知申请人并说明理由。

4. 工商"网上亮照"及公安备案

所谓"网上亮照",即从事网络商品交易及有关服务的企业,应当在其网站首页或者从事经营活动的主页面醒目位置公开营业执照登载的信息或者其营业执照的电子链接标识。据《网络交易管理办法》的规定,企业未办理网上亮照的,可以警告或罚款。

公安备案,即根据《计算机信息网络国际联网安全保护管理办法(2011修订)》规定,用户在接入单位办理入网手续时,应当填写用户备案表。备案表由公安部监制。互联单位、接入单位、使用计算机信息网络国际联网的法人和其他组织(包括跨省、自治区、直辖市联网的单位和所属的分支机构),应当自网络正式联通之日起30日内,到所在地的省、自治区、直辖市人民政府公安机关指定的受理机关办理备案手续。上述单位应当负责将接入本网络的接入单位和用户情况报当地公安机关备案,并及时报告本网络中接入单位和用户的变更情况。

5. 用户注册协议及交易规则的合规性审查

用户注册协议和交易规则是网站与用户的合同,是双方权利义务的重要法律文件。但是,大多数的企业不重视用户注册协议和交易规则的合规性,基本上都是网上随便抄来的。其后果是一旦发生争议,司法实践中往往会作出对协议及规则提供方不利的解释。

如何防止协议条款被认定为格式条款,司法实践中有一些规则可循。例如,商家强化提示及信息披露义务,赋予消费者一定限度的选择权、撤销权等。

此外,交易规则的拟定尤为重要,这涉及买卖合同的生效、违约责任的承担等核心问题。根据《网络交易管理办法》的规定:

第三方交易平台经营者应当与申请进入平台销售商品或者提供服务的经营者订立协议,明确双方在平台进入和退出、商品和服务质量安全保障、消费者权益保护等方面的权利、义务和责任。

第三方交易平台经营者修改其与平台内经营者的协议、交易规则,应当遵循公开、连续、合理的原则,修改内容应当至少提前七日予以公示并通知相关经营者。平台内经营者不接受协议或者规则修改内容、申请退出平台的,第三方交易平台经营者应当允许其退出,并根据原协议或者交易规则承担相关责任。

第三方交易平台经营者拟终止提供第三方交易平台服务的,应当至少提前三个月在其网站主页面醒目位置予以公示并通知相关经营者和消费者,采取必要措施保障相关经营者和消费者的合法权益。

6. 《网络交易管理办法》主要规定

国家工商总局发布的《网络交易管理办法》,自2015年3月15日起实施。该办法加强了对消费者的保护力度,加大了电子商务企业的责任和义务。主要内容如下:

第一,该办法明确适用范围为对互联网(含移动互联网)上的商品交易及有关服务进行规范,不包括电视购物、电话购物等。

第二,该办法明确了电子商务市场准入规则,即从事电子商务的主体只有实名制自然人或者依法办理工商登记的企业，不得无照经营；对于从事平台类电子商务的，只能是依法登记的企业法人。

第三，该办法强化了电子商务企业的法律责任，例如，规定开展自营业务的第三方交易平台必须以显著方式对平台自营部分和其他经营者经营部分予以区分和标注。

第四，该办法加强了对消费者权益的保护力度，例如，新设第十六条即"网购七天无理由退货"制度。

7. 大数据时代的用户数据使用边界

大数据的快速发展为电子商务的崛起插上了飞跃的翅膀，但如何把握数据利用的最大化与用户隐私保护的边界，如何协调商业伦理与商业价值的平衡性，一直是困扰大数据发展合法性的重要课题。

我国目前未发布专门的数据保护法案或者用户隐私法案，《网络交易管理办法》中规定了一些原则性要求，例如，合法正当原则、必要原则、公开原则、许可原则、保密原则等。至于何为合法正当，即边界在哪里则没有细则规定。

一个风险较小的创新解决机制就是数据拆分使用，即故意将数据模糊、拆分处理，促使对大数据的使用不会泄露用户的精确、完整信息。例如，在分析用户购买习惯时，就没必要使用用户的通信数据；使用用户的交友习惯时，就必须模糊处理用户好友的真实姓名。这样，数据的获取者，永远无法将一个用户完整地裸露在互联网,给用户造成损害后果的可能性最小,数据使用方的法律风险当然也就最小。

8. 反不正当竞争法的保护

企业在互联网上的竞争远超线下渠道的竞争,因为其任何一个竞争点都是面向全行业,而不是某个地区、某个领域。所以,电子商务领域的竞争,向来是口水唾沫、价格厮杀、技术攻陷、诉讼纠缠的组合策略,可谓血雨腥风。

这时,如何有效利用《反不正当竞争法》的矛与盾就显得异常重要,如果运用得当往往会让商家在竞争优势中脱颖而出。

电子商务领域,司法实践中几种常见的不正当竞争包括商业诋毁、虚假宣传、技术干扰、比价模式、数据盗取等。针对这类不正当竞争,企业应当采取及时保全证据、特定化数据等策略,打击恶性竞争者;针对可能的不正当竞争指控,企业应当采取消除特定化、取消绝对化、避免二次编辑等方式,尽量避免、减轻法律责任。

三、大数据

对于"大数据"(Big data),研究机构高德纳咨询公司(Gartner)给出了这样的定义:"大数据"是需要新处理模式才能具有更强的决策力、洞察发现力和流程优化能力来适应海量、高增长率和多样化的信息资产。

麦肯锡全球研究所给出的定义是:一种规模大到在获取、存储、管理、分析方面大大超出了传统数据库软件工具能力范围的数据集合,具有海量的数据规模、快速的数据流转、多样的数据类型和价值密度低四大特征。

大数据技术的战略意义不在于掌握庞大的数据信息,而在于对这些含有意义的数据进行专业化处理。换言之,如果把大数据比作一种产业,那么这种产业实现盈利的关键就在于提高对数据的"加工能力",通过"加工"实现数据的"增值"。

从技术上看,大数据与云计算的关系就像一枚硬币的正反面一样密不可分。大数据必然无法用单台的计算机进行处理,必须采用分布式架构。它的特色在于对海量数据进行分布式数据挖掘。但它必须依托云计算的分布式处理、分布式数据库和云存储、虚拟化技术。

随着云时代的来临,大数据也吸引了越来越多的关注。分析师团队认为,大数据通常用来形容一个公司创造的大量非结构化数据和半结构化数据,这些数据在下载到关系型数据库用于分析时会花费过多时间和金钱。大数据分析常和云计算联系到一起,因为实时的大型数据集分析需要像编程模型MapReduce一样的框架来向数十、数百甚至数千台计算机分配工作。

大数据需要特殊的技术,以有效地处理大量的容忍经过时间内的数据。适用于大数据的技术,包括大规模并行处理(MPP)数据库、数据挖掘、分布式文件系统、分布式数据库、云计算平台、互联网和可扩展的存储系统。

大数据就是互联网发展到现今阶段的一种表象或特征而已,没有必要神话它。在以云计算为代表的技术创新大幕的衬托下,这些原本看起来很难收集和使用的数据开始容易被利用起来了，通过各行各业的不断创新，大数据会逐步为人类创造更多的价值。[24-40]

大数据的意义

现在的社会是一个高速发展的社会，科技发达，信息流通，人们之间的交流越来越密切，生活也越来越方便，大数据就是这个高科技时代的产物。

阿里巴巴的创始人马云提到，未来的时代将不是IT时代，而是DT的时代，DT就是Data Technology数据科技，大数据对于阿里巴巴集团来说举足轻重。

有人把数据比喻为蕴藏能量的煤炭。煤炭按照性质有焦煤、无烟煤、肥煤、贫煤等分类，而露天煤矿、深山煤矿的挖掘成本又不一样。与此类似，大数据并不在"大"，而在于"有用"。价值含量、挖掘成本比数量更为重要。对于很多行业而言，如何利用这些大数据是赢得竞争的关键。

大数据的价值体现在以下三个方面：①对大量消费者提供产品或服务的企业可以利用大数据进行精准营销；②做小而美模式的中小微企业可以利用大数据做服务转型；③面临互联网压力之下必须转型的传统企业需要与时俱进充分利用大数据的价值。

不过，"大数据"在经济发展中的巨大意义并不代表其能取代一切对于社会问题的理性思考，科学发展的逻辑不能被湮没在海量数据中。著名经济学家路德维希·冯·米塞斯曾提醒过：

人工智能的法律未来

"就今日言,有很多人忙碌于资料之无益累积,以致对问题之说明与解决,丧失了其对特殊的经济意义的了解。"这确实是需要警惕的。

在这个快速发展的智能硬件时代,困扰应用开发者的一个重要问题就是如何在功率、覆盖范围、传输速率和成本之间找到那个微妙的平衡点。企业组织利用相关数据和分析可以帮助其降低成本、提高效率、开发新产品、作出更明智的业务决策等。例如,通过结合大数据和高性能的分析,下面这些对企业有益的情况都可能会发生:①及时解析故障、问题和缺陷的根源,每年可能为企业节省数十亿美元;②为成千上万的快递车辆规划实时交通路线,规避拥堵;③分析所有SKU(Stock Keeping Unit,库存量单位,即库存进出计量的基本单元),以利润最大化为目标来定价和清理库存;④根据客户的购买习惯,为其推送他可能感兴趣的优惠信息;⑤从大量客户中快速识别出金牌客户;⑥使用点击流分析和数据挖掘来规避欺诈行为。

大数据的实践

1. 互联网的大数据

互联网上的数据每年增长50%,每两年便将翻一番,而目前世界上90%以上的数据是最近几年才产生的。据IDC预测,到2020年全球将总共拥有35ZB的数据量。互联网是大数据发展的前哨阵地,随着WEB2.0时代的发展,人们似乎都习惯了将自己的生活通过网络进行数据化,方便分享、记录并回忆。

第二部分 今日发展

互联网上的大数据很难有清晰的分类界限，我们先看看BAT（百度、阿里巴巴、腾讯）的大数据。

百度拥有两种类型的大数据：用户搜索表征的需求数据；爬虫和阿拉丁获取的公共网络数据。搜索巨头百度围绕数据而生，它对网页数据的爬取、网页内容的组织和解析，通过语义分析对搜索需求的精准理解进而从海量数据中找准结果，以及精准的搜索引擎关键字广告，实质上就是一个数据的获取、组织、分析和挖掘的过程。搜索引擎在大数据时代面临的挑战有：更多的暗网数据；更多的网络化但是没有结构化的数据；更多的网络化、结构化但是封闭的数据。

阿里巴巴拥有交易数据和信用数据。这两种数据更容易变现，挖掘出商业价值。除此之外阿里巴巴还通过投资等方式掌握了部分社交数据、移动数据。如微博和高德。

腾讯拥有用户关系数据和基于此产生的社交数据。这些数据可以分析人们的生活和行为，从中挖掘出政治、社会、文化、商业、健康等领域的信息，甚至预测未来。

在信息技术更为发达的美国，除了行业知名的类似Google，Facebook外，已经涌现了很多大数据类型的公司，它们专门经营数据产品。

Metamarkets：这家公司对Twitter、支付、签到和一些与互联网相关的问题进行分析，为客户提供很好的数据分析支持。

Tableau：他们的精力主要集中于将海量数据以可视化的方式展现出来。Tableau为数字媒体提供了一个新的展示数据的方式。他们提供了一个免费工具，任何人在没有编程知识背景的情况下都能制造出数据专用图表。这个工具还能对数据进行分析，并提供有价值的建议。

ParAccel：他们向美国执法机构提供了数据分析，如对150 00个有犯罪前科的人进行跟踪，从而向执法机构提供了参考性较高的犯罪预测。他们是犯罪的预言者。

QlikTech：QlikTech旗下的商业分析软件（Qlikview）是一个商业智能领域的自主服务工具，能够应用于科学研究和艺术等领域。为了帮助开发者对这些数据进行分析，QlikTech提供了对原始数据进行可视化处理等功能的工具。

GoodData：GoodData希望帮助客户从数据中挖掘财富。这家创业公司主要面向商业用户和IT企业高管，提供数据存储、性能报告、数据分析等工具。

TellApart：TellApart和电商公司进行合作，他们会根据用户的浏览行为等数据进行分析，通过锁定潜在买家方式提高电商企业的收入。

DataSift：DataSift主要收集并分析社交网络媒体上的数据，并帮助品牌公司掌握突发新闻的舆论点，并制订有针对性的营销方案。这家公司还和Twitter有合作协议，使得他们变成了行业中为数不多可以分析早期tweet的创业公司。

Datahero：公司的目标是将复杂的数据变得更加简单明了，方便普通人去理解和想象。

举了很多例子，这里简要归纳一下，互联网大数据的典型代表性包括：①用户行为数据（精准广告投放、内容推荐、行为习惯和喜好分析、产品优化等）；②用户消费数据（精准营销、信用记录分析、活动促销、理财等）；③用户地理位置数据（O2O推广、商家推荐、交友推荐等）；④互联网金融数据（P2P、小额贷款、支付、信用、供应链金融等）；⑤用户社交等UGC数据（趋势分析、流行元素分析、受欢迎程度分析、舆论监控分析、社会问题分析等）。

2. 政府的大数据

美国政府曾经宣布，要投资2亿美元拉动大数据相关产业发展，将"大数据战略"上升为国家意志，将数据定义为"未来的新石油"，并表示一个国家拥有数据的规模、活性及解释运用的能力将成为综合国力的重要组成部分。未来，对数据的占有和控制甚至将成为陆权、海权、空权之外的另一种国家核心资产。

在我国，政府各个部门都握有构成社会基础的原始数据，比如，气象数据、金融数据、信用数据、电力数据、煤气数据、自来水数据、道路交通数据、客运数据、安全刑事案件数据、住房数据、海关数据、出入境数据、旅游数据、医疗数据、教育数据、环保数据等。这些数据在每个政府部门看起来是单一的，静态的。但是，如果政府可以将这些数据关联起来，并对这些数据进行有效的关联分析和统一管理，这些数据将必定获得新生，其价值是无法估量的。

具体来说，现在城市都在走向智能和智慧，比如，智能电网、智慧交通、智慧医疗、智慧环保、智慧城市，这些都依托于大数据，可以说大数据是智慧的核心能源。

另外，作为国家的管理者，政府应该有勇气将手中的数据逐步开放，供给更多有能力的机构组织或个人来分析并加以利用，以加速造福人类。比如，美国政府就筹建了一个data.gov网站，这是奥巴马任期内的一个重要举措：要求政府公开透明，而核心就是实现政府机构的数据公开。

3. 企业的大数据

企业的CXO们最关注的还是报表曲线的背后能有怎样的信息，他们自己该做怎样的决策，其实这一切都需要通过数据来传递和支撑。在理想的世界中，大数据是巨大的杠杆，可以改变公司的影响力，带来竞争差异、节省金钱、增加利润、愉悦买家、奖赏忠诚用户、将潜在客户转化为客户、增加吸引力、打败竞争对手、开拓用户群并创造市场。

对于企业的大数据，还有一种预测：随着数据逐渐成为企业的一种资产，数据产业会向传统企业的供应链模式发展，最终形成"数据供应链"。这里尤其有两个明显的现象：①外部数据的重要性日益超过内部数据。在互联互通的互联网时代，单一企业的内部数据与整个互联网数据比较起来只是沧海一粟；②能提供包括数据供应、数据整合与加工、数据应用等多环节服务的公司会有明显的综合竞争优势。

4. 个人的大数据

个人的大数据这个概念很少有人提及，简单来说，就是与个人相关联的各种有价值数据信息被有效采集后，可由本人授权提供第三方进行处理和使用,并获得第三方提供的数据服务。

以个人为中心的大数据有如下特性:①数据仅留存在个人中心,其他第三方机构只被授权使用(数据有一定的使用期限),且必须接受用后即焚的监管;②采集个人数据应该明确分类,除了国家立法明确要求接受监控的数据外,其他类型数据都由用户自己决定是否被采集;③数据的使用将只能由用户自己进行授权,数据中心可帮助监控个人数据的整个生命周期。

大数据的发展趋势

趋势一:数据的资源化

何为资源化,是指大数据成为企业和社会关注的重要战略资源,并已成为大家争相抢夺的新焦点。因而,企业必须要提前制订大数据营销战略计划,抢占市场先机。

趋势二:与云计算的深度结合

大数据离不开云处理,云处理为大数据提供了弹性可拓展的基础设备,是产生大数据的平台之一。自2013年开始,大数据技术已开始和云计算技术紧密结合,预计未来两者关系将更为密切。除此之外,物联网、移动互联网等新兴计算形态,也将一齐助力大数据革命,让大数据营销发挥出更大的影响力。

趋势三:科学理论的突破

随着大数据的快速发展,就像计算机和互联网一样,大数据很有可能是新一轮的技术革命。随之兴起的数据挖掘、机器学习和人工智能等相关技术，可能会改变数据世界里的很多算法和基础理论，实现科学技术上的突破。

趋势四：数据科学和数据联盟的成立

未来，数据科学将成为一门专门的学科，被越来越多的人所认知。各大高校将设立专门的数据科学类专业，也会催生一批与之相关的新的就业岗位。与此同时，基于数据这个基础平台，也将建立起跨领域的数据共享平台，之后，数据共享将扩展到企业层面，并且成为未来产业的核心一环。

趋势五：数据泄露泛滥

未来几年数据泄露事件的增长率也许会达到100%，除非数据在其源头就能够得到安全保障。可以说，在未来，每个财富500强企业都会面临数据攻击，无论他们是否已经做好安全防范。而所有企业，无论规模大小，都需要重新审视今天的安全定义。在财富500强企业中，超过50%的企业将会设置首席信息安全官这一职位。企业需要从新的角度来确保自身以及客户数据，所有数据在创建之初便需要获得安全保障，而并非在数据保存的最后一个环节，仅仅加强后者的安全措施已被证明于事无补。

趋势六：数据管理成为核心竞争力

数据管理成为核心竞争力，直接影响财务表现。当"数据资产是企业核心资产"的概念深入人心之后，企业对于数据管理便有了更清晰的界定,将数据管理作为企业核心竞争力,持续发展,战略性规划与运用数据资产,成为企业数据管理的核心。数据资产管理效率与主营业务收入增长率、销售收入增长率呈显著正相关;此外,对于具有互联网思维的企业而言,数据资产竞争力所占比重为36.8%,数据资产的管理效果将直接影响企业的财务表现。

趋势七:数据质量是(BI商业智能)成功的关键

采用自助式商业智能工具进行大数据处理的企业将会脱颖而出。其中要面临的一个挑战是,很多数据源会带来大量低质量数据。想要成功,企业需要理解原始数据与数据分析之间的差距,从而消除低质量数据并通过BI获得最佳决策。

趋势八:数据生态系统复合化程度加强

大数据的世界不只是一个单一的、巨大的计算机网络,而是一个由大量活动构件与多元参与者元素所构成的生态系统,终端设备提供商、基础设施提供商、网络服务提供商、网络接入服务提供商、数据服务使能者、数据服务提供商、触点服务、数据服务零售商等一系列的参与者共同构建的生态系统。而今天,这样一套数据生态系统的基本雏形已然形成,接下来的发展将趋向于系统内部角色的细分,也就是市场的细分;系统机制的调整,也就是商业模式的创新;系统结构的调整,也就是竞争环境的调整等,从而使得数据生态系统复合化程度逐渐增强。[41]

人工智能的法律未来

民事法律对个人信息的保护

1. 新的《民法总则》的保护

备受关注的《民法总则》，经全国人民代表大会审议通过后，于2017年3月15日发布，2017年10月1日起施行。

作为民法典的"母法"，《民法总则》的制定涉及人们社会和经济生活的方方面面，亮点颇多，其中第一百一十一条规定："自然人的个人信息受法律保护。任何组织和个人需要获取他人个人信息的，应当依法取得并确保信息安全，不得非法收集、使用、加工、传输他人个人信息，不得非法买卖、提供或者公开他人个人信息。"

这是我国首次明确个人"信息"（数据）作为一项民事权利受保护。

近年来用户信息泄露的事件屡见不鲜，就目前互联网免费服务模式来看，个人信息和用户资源已经成为网站盈利的主要渠道。尤其是大数据时代，海量大数据背后蕴含着巨大价值，拥有庞大用户基数的网站通过开放平台为第三方网站提供个人数据以获取利益，使得个人信息的泄露变得"轻而易举"，为各种基于个人信息数据分析的诈骗犯罪行为创造了条件。

因此，《民法总则》的这项规定将为捍卫老百姓的信息安全提供更有力的法律后盾。

2. 其他法律规定

《民法通则（2009修正）》（1986年发布，尚未废止）第五条规定："公民、法人的合法的民事权益受法律保护，任何组织和个人不得侵犯",可以视为个人信息权民法保护的基本依据,第五章第四节第九十九条至一百零二条分别规定了公民的姓名权、肖像权、名誉权、荣誉权受法律保护,第六章民事责任部分可以视为追究侵犯个人信息行为责任的依据。

《中华人民共和国侵权责任法》(2010年7月1日起施行)作为民事特别法,较《民法通则》做了更为详尽的规定,虽然该法第二条所列举的"民事权益"中并未规定"个人信息权",但可以通过扩大解释将个人信息权纳入其中,在追究侵犯个人信息的侵权责任时亦可适用该法。

《关于贯彻执行民法通则若干问题的意见(修改稿)》《最高人民法院关于审理名誉权案件若干问题的解释》(法释〔1998〕26号)、《最高人民法院关于审理名誉权案件若干问题的解答》(法发〔1993〕15号)、《最高人民法院关于确定民事侵权精神损害赔偿责任若干问题的解释》(法释〔2001〕7号)等司法解释中,也有涉及个人信息的小部分表述。

2012年12月,全国人大常委会公布实施《关于加强网络信息保护的决定》,对网站和其他企事业单位获取公民信息的方式和范围作出规定,强调网站和其他企事业单位收集、使用个人电子信息时,应当公开其收集、使用规则,不能出售或非法提供给第三方使用。

同时网站应当采取技术措施和其他必要措施,确保信息安全。在发生或者可能发生信息泄露、毁损、丢失的情况时,应当立即采取补救措施,否则如果用户发现个人信息被泄露,合法权益受到侵害时,被侵权人可以对网站提起诉讼。

人工智能的法律未来

这也是在《民法总则》草案制定之前,个人信息安全的主要法律保障。但是由于通常难以查明信息到底是如何泄露、被谁泄露的,加之个人维权成本较高等因素,被害人大多选择吃"哑巴亏"。

3. 地方立法尝试

值得一提的是,在2016年年初,贵州在全国率先制定出台的全国首部大数据地方法规——《贵州省大数据发展应用促进条例》对个人隐私数据也做了相关规定。

该条例第三十六条规定:违反本条例规定,非法采集、销售涉及国家利益、公共安全和军工科研生产等数据的,按照有关法律法规的规定处罚。非法采集、销售涉及商业秘密或者个人隐私数据,尚不构成犯罪的,由县级以上人民政府有关行政主管部门没收违法所得,并可处以违法所得1倍以上10倍以下罚款;没有违法所得的,处以1万元以上10万元以下罚款。

这是国内首次从大数据角度来规范数据使用和保护个人信息的法规,同时也表明政府对大数据环境下个人信息保护的高度重视。

四、云计算

云计算的概念

云计算(cloud computing)是基于互联网的相关服务的增加、使用和交付模式,通常涉及通过互联网来提供动态易扩展且经常是虚拟化的资源。也可以简要理解为云是网络、互联网的一种比喻说法。

过去往往用云来表示电信网，后来也用来表示互联网和底层基础设施的抽象。现在，云计算可以让你体验每秒10万亿次的运算能力，拥有这么强大的计算能力可以模拟核爆炸、预测气候变化和市场发展趋势。用户通过台式计算机、便携式计算机、手机等方式接入数据中心，按自己的需求进行运算。

对云计算的定义有多种说法。对于到底什么是云计算，至少可以找到100种解释。现阶段广为接受的是美国国家标准与技术研究院（NIST）给出的定义：

云计算是一种按使用量付费的模式，这种模式提供可用的、便捷的、按需的网络访问，进入可配置的计算资源共享池（资源包括网络、服务器、存储、应用软件、服务），这些资源能够被快速提供，只需投入很少的管理工作，或与服务供应商进行很少的交互。[42-49]

云计算的特点

云计算是通过使计算分布在大量的分布式计算机上，而非本地计算机或远程服务器中，企业数据中心的运行将与互联网更相似。这使得企业能够将资源切换到需要的应用上，根据需求访问计算机和存储系统。

好比是从古老的单台发电机模式转向了电厂集中供电的模式。它意味着计算能力也可以作为一种商品进行流通，就像煤气、水电一样，取用方便，费用低廉。最大的不同在于，它是通过互联网进行传输的。

被普遍接受的云计算特点如下：

1. 超大规模

"云"具有相当的规模，谷歌云计算已经拥有100多万台服务器；亚马逊、IBM、微软、雅虎等的"云"均拥有几十万台服务器。企业私有云一般拥有数百上千台服务器。"云"能赋予用户前所未有的计算能力。

2. 虚拟化

云计算支持用户在任意位置、使用各种终端获取应用服务。所请求的资源来自"云"，而不是固定的、有形的实体。应用在"云"中某处运行，但实际上用户无须了解、也不用担心应用运行的具体位置。只需要一台便携式计算机或者一个手机，就可以通过网络服务来实现我们需要的一切，甚至包括超级计算这样的任务。

3. 高可靠性

"云"使用了数据多副本容错、计算节点同构可互换等措施来保障服务的高可靠性，使用云计算比使用本地计算机可靠。

4. 通用性

云计算不针对特定的应用，在"云"的支撑下可以构造出千变万化的应用，同一个"云"可以同时支撑不同的应用运行。

5. 高可扩展性

"云"的规模可以动态伸缩,满足应用和用户规模增长的需要。

6. 按需服务

"云"是一个庞大的资源池,按需购买;"云"可以像自来水、电、煤气那样计费。

7. 极其廉价

"云"的特殊容错措施,可以采用极其廉价的节点来构成云;"云"的自动化集中式管理,使大量企业无须负担高昂的数据中心管理成本;"云"的通用性,使资源的利用率较之传统系统大幅提升。

因此,用户可以充分享受"云"的低成本优势,经常只要花费几百美元、几天时间就能完成以前需要数万美元、数月时间才能完成的任务。

8. 潜在的危险性

云计算服务除了提供计算服务外,还必然提供存储服务。但是云计算服务当前垄断在私人机构(企业)手中,而他们仅仅能够提供商业信用。对于政府机构、商业机构(特别像银行这样持有敏感数据的商业机构)选择云计算服务时应保持足够的警惕。

一方面,一旦商业用户大规模使用私人机构提供的云计算服务,无论其技术优势有多强,都不可避免地让这些私人机构以

"数据（信息）"的重要性挟制整个社会。对于信息社会而言，"信息"是至关重要的。

另一方面，云计算中的数据对于数据所有者以外的其他用户是保密的，但是对于提供云计算的商业机构而言，却是毫无秘密可言。

所有这些潜在的危险，是商业机构和政府机构选择云计算服务、特别是国外机构提供的云计算服务时，不得不考虑的一个重要的前提。

云的应用

1. 云物联

"物联网是物物相连的互联网"。这有两层意思：第一，物联网的核心和基础仍然是互联网，是在互联网的基础上延伸和扩展的网络；第二，其用户端延伸和扩展到了任何物品与物品之间，进行信息交换和通信。

随着物联网业务量的增加，对数据存储和计算量的需求，将带来对"云计算"能力的更高要求。

2. 云安全

云安全（Cloud Security）是一个从"云计算"演变而来的新名词。云安全的策略构想是：使用者越多，每个使用者就越安全，因为如此庞大的用户群，足以覆盖互联网的每个角落，只要某个网站被挂马或某个新木马病毒出现，就会立刻被截获。

"云安全"通过网状的大量客户端监测网络中软件行为的异

常，获取互联网中木马、恶意程序的最新信息，推送到服务器端进行自动分析和处理，再把病毒和木马的解决方案分发到每一个客户端。

3. 云存储

云存储是在云计算概念上延伸和发展出来的一个新的概念，是指通过集群应用、网格技术或分布式文件系统等功能，将网络中大量各种不同类型的存储设备，通过应用软件集合起来协同工作，共同对外提供数据存储和业务访问功能的一个系统。

当云计算系统运算和处理的核心是大量数据的存储和管理时，云计算系统中就需要配置大量的存储设备，那么云计算系统就转变成为一个云存储系统，所以云存储是一个以数据存储和管理为核心的云计算系统。

4. 云游戏

云游戏是以云计算为基础的游戏方式，在云游戏的运行模式下，所有游戏都在服务器端运行，并将渲染完毕的游戏画面压缩后通过网络传送给用户。在客户端，用户的游戏设备不需要任何高端处理器和显卡，只需要基本的视频解压能力就可以了。

就现今来说，云游戏还并没有成为家用机和掌机界的联网模式，因为至今Xbox360仍然在使用LIVE，PlayStation是PS NETWORK，wii（任天堂）是WI-FI。但是几年后或十几年后，云计算取代这些东西成为其网络发展的终极方向的可能性非常大。

5. 云计算与大数据

从技术上看，大数据与云计算的关系就像一枚硬币的正反面一样密不可分。大数据必然无法用单台的计算机进行处理，必须采用分布式计算架构。它的特色在于对海量数据的挖掘，但它必须依托云计算的分布式处理、分布式数据库、云存储和虚拟化技术。

云计算发展动态

1. 360云盘宣布停止个人云盘服务

2016年10月，360云盘宣布逐步关闭个人云盘服务，转型企业云服务。称在网盘存储、传播内容合法性和安全性得到彻底解决之前不再考虑恢复。这让包括笔者在内的许多朋友转存数据好一阵子地折腾。

360云盘2016年11月1日起停止云盘上传服务，包括上传、转存等数据写入功能均关闭；2017年2月1日起不再保留云盘数据，关闭所有用户云盘服务并清空数据。[50]

360公告称：360云盘上线以来，始终严格遵守互联网法律法规要求，持续投入大量人力物力以及技术资源，对非法行为进行严厉打击。但是，由于云盘存储的私密性，管理的复杂性，部分不法分子利用360云盘存储传播盗版、淫秽色情信息等非法文件从事违法犯罪活动，严重侵犯版权人的合法权益，更给社会带来了巨大的危害。

2016年上半年，UC网盘、新浪微盘、迅雷快盘、华为网盘先后关闭网盘存储服务；而115网盘则关闭共享功能。

2. 中国首款亿级并发云服务器系统实现量产

我国高性能计算企业中科曙光，2016年11月29日在天津宣布，曙光星河云服务器系统正式量产。这是我国首款亿级并发云服务器系统，也是十二五期间国家863计划信息技术领域亿级并发云服务器系统研制的重大项目成果。

中科曙光表示，曙光星河云服务器系统采用全新的国产设计体系架构，其正式量产标志着我国云计算产业从此拥有了安全可控的云服务器系统。

云计算作为新一代信息技术产业的重要组成部分，已经逐渐成为推动数字经济、大数据、互联网行业发展的关键支撑。与此同时，云计算、大数据、"互联网+"的发展和市场需求的快速更迭，也对云计算基础装备提出了更高的要求，呼唤着更适合云应用的新型服务器系统上线。

3. 数百万网站数据泄露数月

2017年2月24日，一个令互联网"为之一颤"的漏洞轰然出现，知名云安全服务商Cloudflare被曝泄露用户HTTPS网络会话中的加密数据长达数月，受影响的网站预计至少200万个之多，其中涉及优步（Uber）、1password等多家知名互联网公司的服务。

据了解，Cloudflare为众多互联网公司提供CDN、安全等服务，帮助优化网页加载性能。然而由于一个编程错误，导致在特定的情况下，Cloudflare的系统会将服务器内存里的部分内容缓存到网页中。

因此用户在访问由Cloudflare提供支持的网站时，通过一种特殊的方法，可以随机获取来自其他人的会话中的敏感信息，哪怕这些数据受到HTTPS的保护。这就好比你在发邮件时，执行一个特定操作就能随机获得他人的机密邮件。虽然是随机获取，可一旦有心之人反复利用该方法，就能积少成多获得大量私密数据。有网友称此次漏洞为"云滴血"。[51]

4. 依靠云技术突破大企业技术压制

大企业可以依靠技术和大数据来压制小企业。不过，在云技术的帮助下，小企业也有能力与大企业竞争一把。

传统上，技术增强了大型企业的优势。只有大企业能够提供复杂的系统和精简业务流程的顾问团队。近年来，大数据更是使得企业巨头们得以利用市场足迹去洞察消费者偏好和市场形势。在大多数情况下，小企业都不在这个套路之中。可谓"大企业套路深，小企业回农村"。

但是云计算改变了这个局面。现在，即使是最小的企业也能够以一个负担得起的价格使用强大的云计算技术。也许更重要的是，整个应用程序系统都能够让小企业打造不同范围和程度的客户解决方案，同时，可定制性也非常重要。

（1）帮助本地餐厅与全国连锁餐厅竞争

每个人都爱自己本地的餐厅。这些餐厅的食物往往物美价廉、更有创意，并且它们能够提供一次特别的体验。如果你经常光顾你家旁边的餐厅，你可能会和老板变得很熟，可以点菜单上没有的特色菜，让你感觉像在家一样。

但没有人能够投资高端系统来帮助餐厅运营，也没有人能提供数据分析和员工营销团队来进行需求评估和促销活动。如果依靠云技术，那么餐厅老板有可能根据本地区及全国同行的经验作出决策，提升竞争能力。

（2）医生可以借助云技术踢开医院，重获自主权

医生只需要挂一个招牌，雇一两个助手去处理预约和记账，然后和当地医院建立合作就可以了。但在过去的几十年里，医疗实践的花费大幅增加。管理式医疗、监管以及药物复杂性的增加都导致了问题的产生。

基于云计算，可提供低成本、易于使用和易于安装的解决方案，用于记账、实践管理以及市场营销。并且无缝连接到数以百计的专业应用程序上，如管理实验室测试和电子健康记录。

所有的这些都在帮助独立的医疗机构保持竞争性。他们不需要支付大量的资金去设计一个适合他们实践和医疗的专业系统，但他们得到了一个可定制的平台，这个平台给了他们竞争力。

（3）帮助小企业

在超过一个世纪的时间里，IBM一直专注于向大企业销售解决方案，他们可以做非常复杂的人工智能任务，市场面向大企业。但由于云计算的运用，他们很快就发现更具潜力的方法：让别人在IBM技术的基础上创建应用程序，很多创建的应用程序帮助了小企业。

（4）技术不仅仅可以颠覆，它还能做更多

我们经常把技术看作一种颠覆力，大多数情况下也确实如此。一个普通的智能手机已经能够代替20年前价值几千美元的技术。在未来，工厂中的机器人、自动驾驶运输卡车以及其他自动化的应用将会和人类竞争岗位。

但是，技术同样帮助小企业比原来做更多的事情，并且云技术就是最好的例子。它在过去适用于大的系统，你需要购买它并进行安装，但是现在我们可以通过互联网连接到这些大的系统，和几百人共同承担这个成本。

世界各国云计算的产业政策与法律规定

全球云计算服务市场近年来保持高增长。据Gartner统计，2014年全球云计算服务市场规模达1528亿美元，增长率达17.9%，其中典型的Iaas、Paas、SaaS服务的市场规模达425亿美元。云服务增速是全球IT支出的4倍，预计在全球IT支出中的占比将从2013年的3.6%提高到2018年的6.6%。云计算服务正日益演变为新型的信息基础设施。[52]

1. 各国的产业政策

（1）美国意在强产业、弱监管

美国是云计算发展领先的国家，产业实力较强，因此政府对云计算行业本身没有特殊的监管机制，与互联网业务同等对待。但是在云计算实际应用到垂直行业时就设有较高门槛，如政府部门使用云计算需要通过FedRAMP认证，需通过第三方认证并经过

多部门联合委员会的审定等。

（2）欧盟意在弱产业、强监管

欧盟云计算产业相对美国较为滞后，为了发展本土云计算产业，欧盟对云计算采用强监管机制。2013年6月，欧盟议会通过了关键信息基础设施（CIIP）——面向全球网络安全的决议，其中将云计算纳入了关键信息基础设施范畴，也就意味着加大对云计算的监管力度。

（3）韩国也突出监管重要性

韩国《云计算发展与用户保护法》将云计算纳入增值服务进行管理，政府部门委托韩国云服务协会（KCSA）对云服务进行认证。同时要求在韩国提供云计算服务的企业必须向政府提交一份报告，以作为提供服务的条件之一。

2. 全球云计算相关法律情况

云计算带来的数据隐私和跨境数据流动等问题，已经引起了全球的共同关注。

一是云计算业务采用的数据托管和资源租用的服务模式，带来了数据和用户隐私保护、滥用云计算服务等方面的问题。

二是云计算系统中数据的大规模聚集和跨境流动，带来了法律法规的适用性、数据的外泄和主控权等问题。尤其是在"棱镜门"之后，各国更加重视对云计算的跨境流动监管。

由于各国在立法上对数据保护的水平参差不齐，跨境数据转移中的个人数据保护成为跨境数据流动的主要障碍之一。

意识到数据保护的国际性，涉及政治、经济、科技等诸多因素，欧盟、美国等各个国际组织和发达国家从不同的角度，积极地介入跨境数据转移的保护规则制定，力求融合和统一各国的立法，尽量消除和减少数据保护给跨境数据流动造成的障碍，促进经济全球化。

（1）欧盟制定了对欧盟以外国家的个人数据保护评估标准，若成员国依据标准认定第三国不具备一定的水平，原则上禁止向这些第三国或地区转移个人数据和资料。

（2）2000年美国和欧盟签订了安全港协议，此外，美国还单独与瑞士发展出了"美国—瑞士安全港"框架。获得安全港认证机构将可使用官方"安全港认证"标识，可置于机构网站、媒体等，并可享受数据保护方面的"安全港利益"。

（3）我国台湾地区，对主要针对非政府部门个人资料的跨境传输作出规定：凡涉及国家重大利益，国际条约或协议有特别规定，接受国对于个人数据之保护未有完善的法规，非政府部门以迂回方法向第三国（地区）传输个人数据规避资料法规定的，中央目的事业机关都可以对其跨境传输作出限制。

（4）韩国《个人信息保护法》规定：政府应制定促进国际环境下个人信息保护的必要政策措施，并应当制定相关政策措施保障跨境个人信息传输不侵犯信息主体的权利。

云计算中的主要法律问题

在云计算模式下，终端用户将自己的数据、资源交给服务商管理，这些数据或资源因此脱离了主人的控制进入了他人的系统，类似于银行储户将钱存入银行按需提取的模式，因而产生了许多法律问题。从法律的视角说话，这里与其他章节重复的、共性的问题较多，便不再深入展开论述。

1. 数据安全保护

云计算模式下，用户的数据和资源离开用户的控制进入数据中心运营商或服务提供商的系统，改变了传统模式下数据隐藏于企业出口后的安全模式。数据及其流动完全暴露于公开的互联网中，在任何节点上都可能遭受攻击，在技术上大大增加了数据安全保护的难度。

此外，缺乏足够周全、有效的确保用户数据安全的框架体系，存储于"云"中的数据完全依靠云计算服务提供商保障，存在极大的不确定性。

2. 隐私权和商业秘密、信息的保护

网络环境的开放性、虚拟性、交互性、匿名性，本身就已经使传统的隐私权和商业信息保护方式难以产生应有的效力，云计算导致这种保护更加困难。在云计算模式下，所有人对自身隐私的控制力降到最低，隐私权保护的风险被放到最大。

此外，由于云计算依赖于跨国数据存储，隐私权和商业信息保护还必须考虑有关国家的相关法律的差异，而在云计算环境下数据的跨国流动变得非常简单，并涉及国际交流与合作。

3. 我国对外资的云监管要求

我国关于数据监管的规定，概括起来主要包括"数据不得离境""保留数据接口"两大方面。

（1）数据不得离境

近年来，我国在信息安全、用户个人信息保护等方面的法律法规和政策逐步出台和完善，关于数据信息不得离境的规定散见于各领域立法和规定，包括：个人信用信息、个人金融信息、人口健康信息、地图数据、政府信息、企业会计信息、人类遗传资源信息等，系列标准化文件要求云服务提供商应确保机房位于中国境内。

2017年6月1日起施行的《网络安全法》中明确规定，"关键信息基础设施的运营者在中华人民共和国境内运营中收集和产生的个人信息和重要数据应当在境内存储。因业务需要，确需向境外提供的，应当按照国家网信部门会同国务院有关部门制定的办法进行安全评估"。该规定反映了"数据不得离境"的监管要求。

（2）保留数据接口

2016年1月1日起施行的《中华人民共和国反恐怖主义法》明确规定，电信业务经营者、互联网服务提供者应当为公安机关、国家安全机关调查恐怖活动提供技术接口和解密等技术支持。

诚然，保留数据接口并不等于相关国家机关可以不经任何法律程序而随意调取业务数据。但这样的规定会增加外国服务商在华开展业务的忧虑。

（3）外资开展云计算业务的数据监管要点

无论外国企业、外商投资企业与中国企业合作开展云计算业务，还是外商投资企业自行在中国运营云计算业务，都需要遵守中国关于数据监管的相关要求。

云服务提供商开展云计算业务、客户使用云服务时，还需要关注企业商业秘密以及其他敏感信息的保护问题。对数据监管的要求应当贯穿云服务提供商提供云服务的全程。例如，对于上述规定的个人信用信息、个人金融信息等，云服务提供商在提供云服务的整个链条（包括数据备份）中都不得将该等信息向境外提供或者存储在境外服务器上。

外资在中国开展云计算业务，需要关注资质监管、数据监管等多方面问题。即使是明确普遍采取的与国内企业进行合作的方式，也需要考虑合作方式的合法合规性，包括对资质、数据等监管政策的遵守，以及合作模式架构中涉及的业务管理、收益获取与传递、客户服务及管理等事项，也需要审慎对待。[53]

4. 技术标准与网络问题

云计算的美好前景让传统IT厂商纷纷向云计算方向转型。但是由于缺乏统一的技术标准，尤其是接口标准，各厂商在开发各自产品和服务的过程中各自为政，这为将来不同服务之间的互联互通带来严峻挑战。

云计算服务依赖网络，网络的不稳定性导致云应用的性能有待提高，云计算的普及依赖网络技术的发展。

5. 创新型商业模式保护

传统的互联网法律体系以著作权保护为主，但是云计算条件下的商业模式以在线服务为核心，依靠增值服务、功能或应用获利，在这种条件下，著作权保护的价值明显不足。云计算商业模式中，许多企业真正的盈利点在于增值服务和广告。

6. 证据和管辖

云计算在程序上引起的问题很多，表现最为突出的是证据和管辖问题。电子证据本身就非常复杂，云计算使取证更加困难。在云计算模式下，数据通过互联网存储和交付，在全球范围内进行流动，数据的拥有者不能控制数据的流动，也无法掌握数据的存储位置。

同时，每个国家都拥有自己的法律及管理要求，云计算的证据和管辖问题不仅涉及判断数据存储位置的问题，更涉及国家间的合作与安排。

此外，如何改变用户的使用习惯，使用户适应网络化的软硬件应用，是长期而且艰巨的挑战。[54]

云环境下的刑事犯罪

1. 泄露国家秘密罪及相关

《刑法（2015修正）》规定：

第三百九十八条 【故意泄露国家秘密罪；过失泄露国家秘密罪】国家机关工作人员违反保守国家秘密法的规定，故意或者过失泄露国家秘密，情节严重的，处三年以下有期徒刑或者拘役；情节特别严重的，处三年以上七年以下有期徒刑。

非国家机关工作人员犯前款罪的，依照前款的规定酌情处罚。

第三百零八条之一 【泄露不应公开的案件信息罪】司法工作人员、辩护人、诉讼代理人或者其他诉讼参与人，泄露依法不公开审理的案件中不应当公开的信息，造成信息公开传播或者其他严重后果的，处三年以下有期徒刑、拘役或者管制，并处或者单处罚金。

有前款行为，泄露国家秘密的，依照本法第三百九十八条的规定定罪处罚。

如果国家机关工作人员在不具有泄密故意的情况下，单纯违反保密法规，但未造成国家秘密实际泄露，则不会构成犯罪。在数据收集和挖掘技术相对落后的情况下，一次违规行为造成泄密的可能性较低，由此可能使一小部分涉密人员心存侥幸，为图一时便利而对相应的保密法规视而不见。但大数据时代，数据搜集无处不在，却又无声无息；数据分析技术高超，以致洞若观火。

以前的违规行为现在很可能就是违法行为，在云环境下导致国家秘密泄露的概率将极大提高，致使其刑事法律风险明显提升，这也倒逼小部分涉密人员摒弃侥幸心理，严格遵守我国保密法的规定。

2．侵犯公民个人信息罪

云环境下，对个人隐私的刑法保护不断强化。

2009年通过的《刑法修正案（七）》（以下简称《修七》）规定了非法获取公民个人信息罪以及出售、非法提供公民个人信息罪两个罪名，迈出了刑法对于个人信息保护的第一步。

2015年10月起正式施行的《刑法修正案（九）》（以下简称《修九》）及相关司法解释撤销了上述两个罪名，增设侵犯公民个人信息罪,其实质上将原有的两个罪名合二为一。

根据《刑法(2015修正)》(包括上述《修七》《修九》):

第二百五十三条之一 【侵犯公民个人信息罪】违反国家有关规定,向他人出售或者提供公民个人信息,情节严重的,处三年以下有期徒刑或者拘役,并处或者单处罚金;情节特别严重的,处三年以上七年以下有期徒刑,并处罚金。

违反国家有关规定,将在履行职责或者提供服务过程中获得的公民个人信息,出售或者提供给他人的,依照前款的规定从重处罚。

窃取或者以其他方法非法获取公民个人信息的,依照第一款的规定处罚。

单位犯前三款罪的,对单位判处罚金,并对其直接负责的主管人员和其他直接责任人员,依照各该款的规定处罚。

从《修七》到《修九》,刑法对于公民个人信息的保护从无到有,由弱到强,特别是《修九》的修改,符合新时代对个人隐私保护的法律发展趋势,主要变化有二。

一是犯罪主体从特殊身份到一般身份的转变,《修七》将出售、非法提供公民个人信息罪的主体限定为国家机关或者金融、电信、交通、教育、医疗等单位及其工作人员。而《修九》已取消上述限定,任何个人和单位都能够成为该罪主体。因为移动互联技术以及网络购物、在线支付、定位服务等技术的发展,极大地拓宽了信息收集的渠道,使得很多单位甚至是个人能轻易地获得公民个人信息,如果刑法仍将该犯罪主体限定为特殊主体,将造成法律保护的缺位。

二是加大了刑罚力度,将该罪的法定最高刑由有期徒刑三年升至七年,并明确在履行职责、提供服务过程中获得的公民个人信息,出售或者提供给他人的,从重处罚。原因是大数据赋予个人信息商业价值,利益的诱惑会诱导人们铤而走险,只有提高刑罚惩处力度,增加犯罪的成本,才能有效遏制犯罪势头。

随着信息的透明化,刑法不断加大对个人隐私的保护力度是大势所趋,对个人隐私的尊重和保护将是任何企业和个人不可逾越的红线。

3. 侵犯商业秘密罪

"云环境"下,云服务提供商应严格自律。云计算实现了硬件资源的虚拟化,其便捷、高效、廉价的特点让很多企业愿意将海量的经营数据存入"云端",其中很多信息涉及商业秘密。"云计算"在给企业储存数据、使用数据带来便利的同时,他方托管、数据物理位置不确定等特点也为企业的商业秘密保护带来难以预测的风险。

作为企业数据的实际掌管者,云服务商及其员工应树立严格的自律意识,在保护"云端"数据安全的同时,尤其应在利益面前经受住考验,杜绝监守自盗——即利用其掌握企业内部数据、信息的优势地位,使用、披露或者允许他人使用相关企业保存在"云端"的数据、信息,以谋取经济利益。

如果因此侵犯到商业秘密,并使权利人遭受重大损失的,构成该罪。根据《刑法(2015修正)》:

第二百一十九条 【侵犯商业秘密罪】有下列侵犯商业秘密行为之一，给商业秘密的权利人造成重大损失的，处三年以下有期徒刑或者拘役，并处或者单处罚金；造成特别严重后果的，处三年以上七年以下有期徒刑，并处罚金：

（一）以盗窃、利诱、胁迫或者其他不正当手段获取权利人的商业秘密的；

（二）披露、使用或者允许他人使用以前项手段获取的权利人的商业秘密的；

（三）违反约定或者违反权利人有关保守商业秘密的要求，披露、使用或者允许他人使用其所掌握的商业秘密的。

明知或者应知前款所列行为，获取、使用或者披露他人的商业秘密的，以侵犯商业秘密论。

本条所称商业秘密，是指不为公众所知悉，能为权利人带来经济利益，具有实用性并经权利人采取保密措施的技术信息和经营信息。

本条所称权利人，是指商业秘密的所有人和经商业秘密所有人许可的商业秘密使用人。

4. 刑法对数据应用的规范

云环境给我们的生活带来便利的同时，也可能为实施犯罪提供了新型的"手段"，因此在云环境中，人们必须保持清醒。

对此，《刑法（2015年修正）》规定主要如下：

第二百八十七条 【利用计算机实施犯罪的提示性规定】利用计算机实施金融诈骗、盗窃、贪污、挪用公款、窃取国家秘密或者其他犯罪的,依照本法有关规定定罪处罚。

第二百八十七条之一　【非法利用信息网络罪】利用信息网络实施下列行为之一,情节严重的,处三年以下有期徒刑或者拘役,并处或者单处罚金:

(一)设立用于实施诈骗、传授犯罪方法、制作或者销售违禁物品、管制物品等违法犯罪活动的网站、通讯群组的;

(二)发布有关制作或者销售毒品、枪支、淫秽物品等违禁物品、管制物品或者其他违法犯罪信息的;

(三)为实施诈骗等违法犯罪活动发布信息的。

单位犯前款罪的,对单位判处罚金,并对其直接负责的主管人员和其他直接责任人员,依照第一款的规定处罚。

有前两款行为,同时构成其他犯罪的,依照处罚较重的规定定罪处罚。

第二百八十七条之二　【帮助信息网络犯罪活动罪】明知他人利用信息网络实施犯罪,为其犯罪提供互联网接入、服务器托管、网络存储、通讯传输等技术支持,或者提供广告推广、支付结算等帮助,情节严重的,处三年以下有期徒刑或者拘役,并处或者单处罚金。

单位犯前款罪的,对单位判处罚金,并对其直接负责的主管人员和其他直接责任人员,依照第一款的规定处罚。

有前两款行为,同时构成其他犯罪的,依照处罚较重的规定定罪处罚。

云环境必须在法律的框架内施展拳脚才能爆发其最大的能量,尤其是刑法的红线,任何企业和个人都不能逾越。但应当指出,如果仅出于对法律风险的担忧而对未来望而却步,那么大可不必,与其将法律规定视为限制,不如将其视为灯塔,引领着发展的安全,以符合人们预期的方式。[55]

参考资料:

[1]顾沈明:《计算机基础(第三版)》,清华大学出版社2014年版。
[2]赵航:"浅议计算机软件侵权的法律问题",微信公众号"国枫律师事务所"。
[3]赵俊杰、李碧燕:"侵害计算机软件著作权纠纷实务解析",微信公众号"高杉LEGAL"。
[4]陈斌寅:"软件用户界面受《著作权法》保护吗?",微信公众号"大邦律师事务所"。
[5]朱坚、薛正芳:"计算机程序的可专利性研究",微信公众号"君合律师事务所"。
[6]韩天岚:"VR领域的知识产权保护",微信公众号"安杰律师事务所"。
[7]"国信办:坚决制止'人肉搜索'等网络暴力行",人民网,http://politics.people.com.cn/n/2013/1217/c1001-23868223.html[2013-12-17]。
[8]"我国互联网普及率已过半手机网民WiFi使用率超九成",中国经济网,http://www.ce.cn/xwzx/gnsz/gdxw/201601/23/t20160123_8503402.shtml[2016-01-23]。
[9]"互联网巨头争地图入口北斗导航概念股爆发",金融界,http://stock.jrj.com.cn/hotstock/2014/05/06100917158022-1.shtml[2014-12-27]。
[10]"网站亮证构建网络信用已奠基",人民网,http://it.people.com.cn/n1/2015/1216/c203889-27938054.html[2015-11-26]。
[11]"智能互联网时代已悄然来临!",网易,http://news.163.com/16/0805/12/BTN4DM2P00014SEH.html[2016-07-26]。
[12]"智能互联网时代来临:保千里率先布局,联想等巨头跟进",网易,http://news.163.com/16/1118/16/C65UMQP8000187V5.html[2016-11-23]。
[13]"联想杨元庆:未来将是智能互联网时代服务是关键",新浪网,http://tech.sina.com.cn/i/2016-11-17/doc-ifxxwrwh4569578.shtml[2016-11-23]。
[14]"智能互联网之全营销系统",新浪科技,http://tech.sina.com.cn/i/2016-10-21/doc-ifxwztrs9963801.shtml[2016-10-21]。
[15]"高交会工业4.0高峰论坛落幕:智能互联网成互联网未来发展方向",新浪网,http://news.sina.com.cn/o/2016-11-18/doc-ifxxwmws3102496.shtml[2016-11-18]。
[16]"年度十大网络用语公布'为国护盘'等入选",网易新闻,http://news.163.com/16/0531/15/BODGR3S50001124J.html[2016-05-31]。

［17］黄楚新、王丹："'互联网+'意味着什么——对'互联网+'的深层认识"，《新闻与写作》2015年。
［18］"马化腾峰会演讲：'互联网+'激活更多信息能源"，人民网，http://media.people.com.cn/n/2015/0509/c40606-26973063.html［2015-07-01］。
［19］"于扬：所有传统和服务应该被互联网改变"，腾讯网，http://tech.qq.com/a/20121114/000080.htm［2015-07-01］。
［20］"新华网评：中国有了'互联网+'计划"，新华网，http://www.xinhuanet.com/2015-03/06/c_1114544768.htm［2015-06-21］。
［21］"马化腾两会提案大谈'互联网+'"，网易，http://news.163.com/15/0305/07/AJU5UQHH00014SEH.html［2015-06-21］。
［22］杨继瑞、薛晓、汪锐："互联网+"背景下消费模式转型的思考，《消费经济》，2015。
［23］"'互联网+'未来发展十大趋势"，网易科技，http://tech.163.com/15/0403/09/AM9190KU000948V8.html［2016-07-07］。
［24］"6个用好大数据的秘诀"，中国大数据［2016-02-02］。
［25］"大数据时代还有隐私吗？"，中国大数据［2016-02-02］。
［26］"大数据仍然离不开人的赋予"，中国大数据［2016-01-04］。
［27］"大数据时代要有大数据思维"，中国大数据［2015-11-03］。
［28］"看看2016年，大数据与众包的全新玩法！"，新浪［2016-11-02］。
［29］"一个常见的大数据术语表"，中国机器人［2016-03-11］。
［30］"大数据落地不可孤军作战"，中国大数据［2016-01-04］。
［31］"大数据究竟是什么？一篇文章让你认识并读懂大数据"，中国大数据［2015-10-29］。
［32］"CIO必须知道的十个大数据案例"，中国大数据［2015-10-29］。
［33］"大数据医疗的五大方向"，中国大数据［2015-10-30］。
［34］"大数据有什么重要的作用"，中国大数据［2015-11-03］。
［35］"大数据与商业的未来"，抓取［2016-07-20］。
［36］"大数据对企业重要性"，中国大数据［2016-01-04］。
［37］"大数据未来将呈现的八大发展趋势"，中国大数据［2015-10-30］。
［38］"IT分析工具让大数据在数据中心中发光"，TechTarget［2015-11-11］。
［39］"国务院印发行动纲要促进大数据加快发展"，人民网，http://politics.people.com.cn/n/2015/0905/c1001-27545655.html［2015-09-06］。
［40］"全国首个大数据综合试验区建设在黔启动"，中文网，http://www.chinadaily.com.cn/hqcj/zgjj/2015-09-20/content_14201283.html［2015-09-20］。
［41］"大数据未来将呈现的八大发展趋势"，中国大数据［2015-10-30］。
［42］"云计算的概念和内涵"，中国云计算［2014-02-26］。
［43］"云计算是什么意思 什么是云计算"，云创存储［2014-04-02］。
［44］"2014年云计算大会云计算标准化体系草案形成"，中国云计算［2014-03-07］。

［45］"十种方法保持云中数据安全". TechTarget 云计算［2014-08-22］。
［46］"vNAS 带动网络存储走向可视化趋势"，中国存储网［2014-03-10］。
［47］"云计算对软件开发与测试的影响"，中国云计算［2014-02-27］。
［48］"云计算的八大亮点应用"，中国云计算［2014-03-04］。
［49］"云计算发展最受关注的五大方面"，电缆网，http://www.cabhr.com/news/xianlanzhishi/77222.html［2014-03-17］。
［50］"360 云盘宣布停止个人云盘服务明年 2 月 1 日清空"，网易科技，http://tech.163.com/16/1020/17/C3RCC9IT00097U7R.html。
［51］谢幺："史上最大的云安全事故？数百万网站数据泄露数月"，网易科技，http://tech.163.com/17/0224/18/CE2ESIVK00097U7R.html。
［52］孙明俊："盘点各国的云计算产业政策及相关法律"，搜狐网，http://www.sohu.com/a/28984733_195364。
［53］郑霞、刘瑛、王玄："外资在中国开展云计算业务的监管问题"，微信公众号"天元律师事务所"，2016-06-22。
［54］徐云飞："云计算的最新发展与法律问题"，微信公众号"君合律师事务所"。
［55］季刚："论大数据背景下的刑事法律风险防控"，微信公众号"京都律师事务所"，2016-01-11。

# 第三部分 明天智慧

人工智能前沿领域及相关法律问题

一、智能汽车、无人机

二、专家系统、神经网络

三、智能机器人、类脑智能

四、仿生人、虚拟人

人工智能的法律未来

一、智能汽车、无人机

智能汽车、无人机的发展尽管还有很长的路要走，但是未来交通领域，必然是由智能工具进行主宰，配合上智能的交通管理系统，人们梦想的高速、安全、便捷的交通运输，终将会走进现实。

智能汽车概述

1. 智能汽车简介

智能汽车，是在网络环境下用信息技术和智能控制技术武装的汽车。它是一个集环境感知、规划决策、多等级辅助驾驶等功能于一体的综合系统，它集中运用了计算机、现代传感、信息融合、通信、人工智能及自动控制等技术，是典型的高新技术综合体。这种汽车能和人一样会"思考""判断""行走"。

举例来说，某款智能汽车的"眼睛"是装在汽车右前方、上下相隔50厘米处的两台电视摄像机，摄像机内有一个发光装置，两台摄影机可同时发出一条光束，交会于一定距离，物体的图像只有在这个距离才能被摄取而重叠。"眼睛"能识别车前5～20米之间的台形平面、高度为10厘米以上的障碍物。如果前方有障碍物，"眼睛"就会向"大脑"发出信号，"大脑"根据信号和当时当地的实际情况，判断是否通过、绕道、减速或紧急制动和停车，并选择最佳方案，然后以电信号的方式，指令汽车的"脚"（转向器）、制动器，进行停车、后退或减速。

智能汽车实际上是智能汽车和智能公路组成的系统，目前主要是智能公路的条件还不具备，而在技术条件上已经完备。无人驾驶的智能汽车将是新世纪汽车技术飞跃发展的重要标志。

智能汽车的目标，是使车辆与外部节点间实现信息共享与控制协同，实现"零伤亡、零拥堵"，达到安全、高效、节能行驶。

2. 智能汽车的"智能"

智能汽车是智能交通运输系统中的一部分，它是许多高新技术综合集成的载体。智能汽车系统包括：

（1）GPS系统，即全球定位系统。简单地说，是一个由覆盖全球的24颗卫星组成的卫星系统。这个系统可以保证在任意时刻，地球上任意一点都可以同时观测到4颗卫星，以保证卫星可以采集到该观测点的经度、纬度和高度，以便实现导航、定位等功能。

（2）智能驾驶系统。智能驾驶控制系统是一种全新、简单、安全和方便的未来驾驶概念，属于自动化、信息化驾驶系统的范畴。

（3）防碰撞系统。汽车自动防撞系统，是智能汽车的一部分，它可以减小车祸的损害程度。

（4）智能交通系统（ITS）。智能交通系统就是以缓和道路堵塞和减少交通事故，提高交通利用者的方便性和舒适性为目的，利用交通信息系统、通信网络、定位系统和智能化分析与选线的交通系统的总称。

（5）智能"黑匣子"。汽车智能"黑匣子"能客观地记录机动车发生车祸前驾驶员的操作过程，有效地记录驾驶员在事故发生前做出的种种反应。

（6）智能轮胎。轮胎内装有计算机芯片或芯片与胎体相连接。计算机芯片能自动监控并调节轮胎的行驶温度和胎压，使轮胎在不同情况下都能保持最佳的运行状态，既提高了安全系数，又节省了开支。

（7）智能钥匙。当今，大多数私家车的标配是电子钥匙，其基本功能是启动汽车和遥控开关车门，使开锁落锁过程由"手动"变为"自动"，使用起来更加简便。同时，由于其匹配的是电子式防盗锁系统，其配备了发动机芯片锁止技术，大大提高了车辆的安全性。

（8）智能空调。智能空调系统能根据外界气候条件，按照预先设定的指标对安装在车内的温度、湿度和空气清洁度传感器所传来的信号进行分析、判断，及时自动打开制冷、加热、去湿及空气净装置，调节出适宜的车内空气环境。在先进的智能汽车上，空调系统可以配合驾驶。当驾驶员精神不集中或有瞌睡迹象时，能自动散发出使人清醒的气味。

（9）智能玻璃。汽车智能玻璃是由美国汽车公司研制的，这种玻璃表面涂有一层氧化锡，下面有一层更薄的含水氧化镍。当电流正向流动时，透明的两层氧化镍可氧化成颜色较深的三价氧化物，使车窗玻璃变暗；当电流反向流动时，车窗玻璃变亮，且按着外面光线的强弱自动控制玻璃的明暗度。

（10）智能安全气囊。智能安全气囊是在普通安全气囊的基础上增设了传感器和与之相配套的计算机软件。其质量（重量）传感器能根据质量感知乘客是大人还是儿童；红外传感器能根据热量探测座椅上是人还是物体；超声波传感器能探明乘客的身体质量、所处位置和是否系安全带以及汽车碰撞速度及撞击程度等，及时控制气囊的膨胀时机、膨胀速度和膨胀程度，使安全气囊为乘客提供最合理和最有效的保护。

（11）智能悬架。智能悬架系统由电子装置控制，可根据路面情况，调节悬架弹性元件的刚度和减振器的阻尼，使振动和冲击迅速消除；还可以自动调节车身的离地高度，即便是汽车在崎岖不平的路面上行驶，也会使乘客备感平稳与舒适。

3. 智能汽车的发展历史

20世纪90年代以来，随着汽车市场竞争激烈程度的日益加剧和智能运输系统研究的兴起，国际上对于智能汽车及其相关技术的研究成为热门。一批有实力、有远见卓识的汽车行业大公司、研究院所和高等院校也正展开智能汽车的研究。

我国从20世纪80年代开始着手无人驾驶汽车的研制开发，虽与国外相比还有一些距离，但目前也取得了阶段性成果。清华大学、国防科技大学、上海交通大学、西安交通大学、吉林大学、同济大学等都有无人驾驶汽车的研究项目。

1992年，国防科技大学研制成功了我国第一辆真正意义上的无人驾驶汽车。由计算机及其配套的检测传感器和液压控制系统组成的汽车计算机自动驾驶系统，被安装在一辆国产的中型面包车上，使该车既保持了原有的人工驾驶性能，又能够用计算机控制进行自动驾驶行车。

从20世纪70年代起，美欧等发达国家开始进行无人驾驶汽车的研究，大致可以分为两个阶段：军事用途、高速公路环境和城市环境。在军事用途方面，早在80年代初期，美国国防部就大规模资助自主陆地车辆ALV（Autonomous Land-Vehicle）的研究。进入21世纪，为促进无人驾驶车辆的研发，从2004年起，美国国防部高级研究项目局（DARPA）开始举办机器车挑战大赛（Grand Challenge）。[1]

4. 我国发展智能汽车的战略意义

以互联网、大数据、云计算、3D打印和机器智能等技术为代表的新一轮科技革命方兴未艾，由此引发制造业向"智能制造"全面转型升级的趋势日益明显。从德国工业4.0，到美国制造业创新网络计划，再到日本对工业机器人的聚焦，各工业强国无不加紧部署、加快行动，致力于抢占未来的战略制高点，预期全球制造业格局及形态将会发生深刻变革甚至重塑。

在此背景下，中国也提出了"中国制造2025"的战略规划，以及"互联网+"的行动纲领，明确提出要建设制造业强国，意在依托实体经济突破中等收入陷阱，实现中华民族的可持续发展。

汽车产业作为国民经济的支柱产业，其自身规模大、关联产业众、带动效应强、影响范围广、应用技术多、国际化程度高、资金技术人才等高度密集，代表着民用工业的最高境界，理应也必须成为新一轮科技革命以及中国制造业转型升级的有效载体、有力抓手和龙头产业之一。全新的发展需求与新一轮科技革命形成历史性交会，为中国汽车产业提供了前所未有的重大战略机遇。

国家应该从科技创新、新型移动、社会整体带动以及基于网联的集成创新的战略高度上认识到发展智能汽车的重要性。

5. 中国发展智能汽车的优劣势

（1）优势

中国加快发展智能汽车正当其时：

其一，新一轮科技变革期与中国汽车产业转型升级期相互交汇，使智能汽车发展同时兼备外部契机和内部动力。在"中国制造2025"的战略框架和"互联网+"的明确方向指引下，智能汽车发展将会迎来前所未有的历史机遇。

其二，工业体系完整、基础完备。中国已成为全球第一制造大国，同时也是唯一具有门类齐全的现代工业体系的国家。

其三，中国拥有规模超大的汽车市场，将会发挥重要的引领作用。绝无仅有的庞大市场、不断升级的法规标准、差异化明显的消费群体，这些因素交织在一起，将促使国际车企加大在中国的本土化研发，然后再将为中国市场打造的产品推向全球。

其四，中国拥有较为强大的信息产业。全球顶级的互联网公司均分布在美国和中国，如百度、腾讯、阿里巴巴等，这一优势连德国、日本也不具备。中国网民数量众多，语言文化自成一极，不仅为自身展开"互联网+"提供了极为有利的基础条件，也加大了外国企业在中国竞争的屏障效果。

同时，中国在通信等行业也拥有一批具有世界影响力的企业，如华为等，掌握了国际先进通信技术以及标准的发言权。此外，中国独立于GPS之外的北斗卫星定位系统，也在国家战略层面上确保了智能网联汽车不会受制于人。

（2）劣势

然而我们必须清晰地看到，中国在发展智能汽车方面也面临着严峻挑战，存在着明显短板：

其一，传统汽车产业整体上与国际先进水平尚有明显差距。中国尚无世界级的汽车品牌和整车强企，质量控制能力和基础研发能力不足；本土供应商的实力也大多非常有限，产业链上存在关键缺失。我们切勿陶醉于并不存在的所谓"弯道超车"的可能，而必须踏踏实实提升自己的基础工业实力。

其二，在与智能互联相关的核心技术领域仍落后于世界先进水平。如果说在新能源技术方面中国的起步基本与国际同步，那么在智能网联技术方面则并非如此。发达国家在智能汽车发展的时间节点上趋于一致，尤其是美国，目前已经在既定战略和布局下明确了发展方向以及分工协作，开始通过各类组织形成联盟关系，试图构建统一的行业标准，一旦实现将形成新的行业壁垒。而从整体来讲，中国智能汽车自主研发与国际先进水平相比仍处于滞后状态，如不能在产业新格局形成阶段介入其中，很可能会被屏蔽于外，不仅不能缩短差距，更有进一步落后的风险。

其三，中国虽有强大的互联网产业基础，但有过分偏重销售和服务端的明显倾向。电商无论多么发达，也只能解决如何更方便地销售产品的问题,而不能创造优质产品本身。特别是面对未来"智能制造"体系下消费者与制造商直接对话成为主流的趋势,中国互联网企业同样面临转型挑战,必须思考如何介入和支撑实体经济的发展,否则不仅无法对智能汽车的发展提供助力,而且甚至会成为制约因素。[2-13]

无人驾驶汽车侵权责任

1. 综述

2016年2月14日,Google自动驾驶系统驾驶的一辆LEXUS RX-450汽车与一辆公交车发生碰撞,庆幸的是因两车行驶速度不快,双方车辆损害不大,未造成人员伤亡。由此无人驾驶汽车侵权责任问题进入公众视野。

我国《侵权责任法》规定,机动车发生交通事故造成损害的,依照道路交通安全法的有关规定承担赔偿责任。根据《中华人民共和国道路交通安全法》(以下简称《道路交通安全法》),机动车之间发生交通事故,归责原则为"过错责任"原则;机动车对非机动车、行人归责原则为"无过错责任"原则。

由于各国交通立法最初是基于驾驶人过错与否、驾驶人资格问题进行归责,故与无人驾驶汽车可以脱离驾驶人而单独运行相抵触。无人驾驶汽车发生交通事故责任归属,究其本质是——无人驾驶汽车按机动车交通事故来处理、还是按照产品责任来处理(先不考虑过于长远的未来可能存在的智能汽车问题)?这是此类事故真正的核心问题。解决这一问题,首先要明确无人驾驶汽车到底是属于机动车范畴，还是电子机器人产品。

有学者认为：①无司机型全自动无人驾驶汽车，以及有司机型但在无人驾驶状态下的汽车属于"产品"，发生"交通事故"即属于产品责任缺陷责任问题，原则上由生产者与销售者来承担，汽车所有人"有过错"的承担主要责任，生产者与销售者承担次要责任。②有司机型的无人驾驶汽车在有人驾驶状态下，按照《道路交通安全法》承担责任，机动车之间为过错责任，对非机动车、行人则承担无过错责任。[14-18]

2. 侵权主体的确定

以智能汽车为例，人工智能产品侵权主体的范围是责任认定过程中首先需要明确的一个问题。由于人工智能产品是在无人或者少人状态下进行工作，尤其是侵权行为发生时人的参与性较低，因此人工智能产品侵权主体的确定具有一定特殊性，其与一般产品责任相比有共性也有特殊性。

即使无人少人，但也是在人的参与下进行的，这样便可以进行法律上的"归责"。按照人工智能产品的设计、生产与使用的逻辑顺序，其责任主体可以归为产品设计研发者、产品生产者、产品销售者、产品运行的操作者和相关监管机构等。

（1）产品设计研发者

设计研发环节是人工智能产品的第一个环节，设计研发的质量决定了该产品运行过程中的稳定性、可靠性。设计研发者的工作成果影响产品设计、生产和使用的整个过程，这个环节的过错将对其他各个环节都产生重大影响。由于人工智能产品也属于商品，对产品设计研发者的归责可以按照《中华人民共和国产品质量法》（以下简称《产品质量法》）的规定执行。

（2）产品生产者

产品生产一直是我国法律界关注的重大问题，可以预见，人工智能产品也不可能"免俗"，在生产领域一定会产生和普通产品相同或者类似的问题。目前相关的立法，比如《产品质量法》对于产品质量引起事故的追责规定了企业质量体系认证、产品质量监督检查制度以及严格责任原则等。

对于一般产品生产领域的规范，同样适用于人工智能产品。同时必须指出的是，人工智能产品具有事前操作，事中无人少人的特点，人的主要参与在于事前。因此其质量要求更高，对于人工智能产品的生产监管应当更为严格。

（3）产品销售者

产品销售者的责任来源于对产品的保管义务与公平交易的义务。如果因为销售者的不当管理，使产品质量受损，或者销售假冒伪劣产品，从而造成侵权案件发生，应当由销售者承当责任。

（4）产品运行的操作者

对于产品运行的操作者进行归责是比较复杂的问题，同时也是人工智能产品特殊性的体现。因为任何产品肯定存在明确的设计研发者、生产者，但是对于操作者或者使用者而言，便不一定明确，甚至可能不存在，人工智能产品可能就是这样。

虽然具有这样的特殊性，但是这并不能表明对操作者无法归责，也不能因此将责任全部强加到设计研发者与生产者头上。

人工智能的法律未来

对于操作者的归责强调必须存在过失，主要考察操作者在使用产品过程中是否存在违反技术规范的行为，是否尽到应尽的注意义务，以及是否尽到维修保养产品的义务。对于操作者的注意义务，本书认为人工智能产品科技含量高，操作技术要求高，不能按照一般普通人注意义务要求，最起码应当按照处理自己同一事务注意义务要求。

3. 侵权行为的认定

人工智能产品侵权行为应当具有违法性。侵权责任理论通说认为违法行为要件包含两个构成要件：一是客观上存在加害行为；二是加害行为具有不法性。

（1）人工智能汽车与行人之间

人工智能汽车具有程序化的特点，即使科技水平再先进，其突发情况反应能力也不及人类，人工智能汽车在道路上受保护的程度应当高于或起码和行人对等。结合现行的《道路交通安全法》主要保护行人的立法规则，要促进人工智能汽车的发展，需要进行必要调整。

人工智能汽车与行人之间发生的侵权行为情况会很多。例如，人工智能汽车经程序设定后，在无人状态下按照预定路线、轨道进行运行，在某个路口与行人相撞，造成重大伤害结果，人工智能汽车一方存在过错有如下情况：

第一，汽车程序设计者设计方案存在失误；

第二，生产者生产过程中存在过失，造成产品不合格；

第三，销售者未尽到合理保管义务，致使原本合格产品出现质量问题；

第四，产品使用者在操作产品运行时，未按技术标准进行操作。

需要指出的是，由于人工智能产品运行时的无人少人状况，以及危机处理的不敏感性，对运行道路要求较高，道路设施出现故障也可能扰乱汽车的程序，例如，因为红绿灯出现故障，可能成为事故发生的主要原因。这时就应当有负有维修维护道路设施责任的有关机关负责。

（2）人工智能汽车与普通汽车之间

人工智能汽车与普通汽车最大的区别是，人工智能汽车运行时人较少操作，人的参与属于事前参与；普通汽车运行时人全程操作，人的参与属于全程参与。

对于普通汽车一方的追责，是基于驾驶员对于汽车的意志，汽车的运行超出驾驶员的意志，按理说不应当追究责任。比如汽车本身固有的根本无法克服的故障而导致汽车失控，除非这个故障是由于驾驶员未尽保养义务造成的。

对于人工智能汽车的归责则不同，因为人工智能汽车在运行过程中几乎没有人的参与，人的意志在运行过程中无法体现。此时归责的思路应当转变，向前延伸，着重考察人工智能汽车运行前操作者对于路线操作事前不可能完全预料到险情的具体时间地点等因素，我们不可能苛求他对一切了如指掌。

对于人工智能汽车操作者的归责仅限于事前是否按照技术标准合理设置，并且如果因为未尽保养义务而出现故障造成的侵权，也应当属于归责范围。

人工智能的法律未来

另一个需要关注的问题是，普通汽车在与智能汽车相遇时，普通汽车应急能力强，避险的可能性大，因此其受的规范多一些。这样，对于普通汽车来说较为不公平，最好的办法是区分两者的道路，两种汽车共存的时代必然会出现，而行驶区域的划分，一是可以减少两种不同汽车相撞的可能；二是归责时也可以根据行驶区域判定责任的分担。

（3）人工智能汽车与人工智能汽车之间

两种相同技术与操作的汽车，同样都具有较强的程序性，紧急情况处理能力也都不强，如果都按照技术要求设置与操作，发生碰撞的可能性不是很大。二者之间发生碰撞可能是基于汽车自身的故障原因，因此归责思路应当向前逐步延伸，一直到设计研发。[19-25]

无人机概述

近年来，无人机的研制和发展在许多国家受到极为广泛的重视，并已经有了从军用走入民用的趋势。现代科技的发展使得防空武器的性能日益提升，这无疑大大增加了有人机在空战中的风险程度，而无人机则适应了现代战争中对减少乃至避免人员伤亡的要求。另外从研制、使用和维护成本看，相对于有人机而言，无人机的研制、使用和维护成本要低廉得多。

1. 无人机的历史

1914年，英国皇家空军利用无线电技术手段，用一架小型飞机装上炸药后将其引导到目标区，用以攻击德军空中和地面目标。该产品被命名为A·T即"空中靶标"。

第三部分
明天智慧

不久之后,世界上第一种一次使用的轻型航空发动机问世,取代了笨重的转子发动机。索普威斯公司于1916年采用此发动机很快研制出一架方形机身、带四轮起落架的双翼无人机。不幸的是,该机以及其后英国研制的各种无人机均因技术尚未成熟而试航失败。

与此同时,美国政府也在研制无人机,美国的第一架无人机是寇蒂斯公司按海军合同研制的。这架无人机于1917年11月10日在纽约长滩的试飞场试飞成功,可以说是无人机程控飞行的首次成功实践。但由于这种无人机只是"自动飞行的炸弹",从现代无人机定义来看,无人机指的是:"可回收、能遥控操作和自主飞行的无人驾驶飞机"。

因而真正意义上的第一架无人机应该是20世纪30年代英国的蜂后无人机。德·哈维兰公司生产的这种蜂后无人机是无线电遥控全尺寸靶机,1934—1943年共批量生产了420架,在英国海军和陆军服役。

在海湾战争之后,性能各异、技术先进、用途广泛的战术无人机新机种不断涌现,全世界共有30多个国家装备了师级战术无人机系统,在陆、海、空三军组建了无人机队。

1993年美国启动了蒂尔(Tier)无人机发展计划。自从美国的捕食者(Predator)中空长航时无人机在波黑和科索沃战场试用获得成功之后,又形成了一个无人机发展浪潮。

20世纪末出现的另一个较大的无人机发展浪潮,是旅/团级固定翼和旋翼战术无人机系统。此类无人机与大型战术无人机相比,体积小、机动性好、价格低廉、使用简便且容易与其他军事

人工智能的法律未来

设备配套。

从战争发展规律看,战争对武器装备的需求是永恒的。从飞机问世以来,人们就千方百计开拓它的对地攻击能力,其后又逐渐发展其运输、侦察等性能。2001年3月,时任美国总统布什公开表示,无人作战飞机的研制已经成为美国当务之急,未来几年,美国将拨款100亿美元专项资金研制开发。

在以美国为首的对恐怖主义的战争中,无人机在对阿富汗、伊拉克、也门以及其他国家的行动中,体现了它们巨大的价值。

目前美国主导世界无人机市场(占世界市场的73%),在可预见的将来,这一形式仍不会改变。世界其他地区,尤其是欧亚正在加入无人机市场的竞赛。有学者预计,目前占据世界市场11%份额的欧洲将在未来10年将其份额翻一番。

2. 军用向民用的迈进

(1)军用主导、民用尝试

现在及今后一段时间,无人机市场仍将由军方拉动。除了军事用途外,无人机还有许多民用和商业用途,例如,为NASA(美国航空航天局)进行地球科学项目搜集数据,如大地测量、气象观测、城市环境检测、地球资源勘探和森林防火;长航时无人机可以满足农业精耕细作的需要;中、短航程的无人机能用于检查输电线路和管道,还可用于海洋环境研究以及国界线巡逻、搜索和救援。根据具体任务,装备雷达和红外传感器的无人机最有可能用于商业和民用领域。

用于民用和商业领域前,无人机必须能达到很高的稳定性标准。因为一旦进入民用领域,就关系到日常生活的点点滴滴,必须保证不出差错。今年早些时候,由美国国防部组织的一次对三个无人机系统的可靠性测试结果表明,目前无人机的事故率比有人飞机高出许多。例如,目前美国无人机系统中最好的捕食者无人机仍比有人机的稳定性差。即使是无人机的制造商也不得不承认这一事实。

(2)军用与民用的冲突

同时,无人机在法律上还存在巨大障碍,现有的航空航天管理条例不允许普通的无人机在民用空域中飞行。这一约束限制了无人机的广泛运用。美国国内和国际安全飞行机构(例如FAA)要求无人机制造商至少能证明这样一个必要条件:即他们所设计的产品不能比有人飞机更危险。目前美国的一种做法是拉高无人机的飞行高度,以避开商用航空范围的限制。

此外,人们目前还遇到一个难题:是专门制定针对无人机操作平台的新法律,还是沿用已有的航空条款将其用于无人机。通过各种论证,大多数人赞同的是考虑到起草专门针对无人机的新条款需要好几年的时间不断修订,所以还是沿用现有法律条款来规范无人机市场更具可行性。[26-30]

无人机的法律监管

1. 历史"黑飞"问题

社会普遍认为,相关行业法规的不健全以及从业人员的主观疏忽,造成了无人机安全案件的频繁发生。实际上,由于无人机属于近年来的新生事物，该行业对于无人机航飞的相关规定有待进一步健全，相关审批手续繁冗，导致从业人员存在侥幸"黑飞"的心理。

2013年年底，北京一家公司在没航拍资质、未申请空域的情况下进行航空测绘，造成多架次民航飞机避让延误，这家公司四名员工因过失以危险方法危害公共安全罪被判刑。这是我国首例以"过失以危险方法危害公共安全罪"起诉的无人机"黑飞"案。

2015年，民营企业在推动建立无人机行业标准方面也是群策群力。6月17日，深圳多家无人机厂商联合制定的《民用无人机系统通用技术标准》发布。8月27日，中国无人机产业联盟在新疆国际会展中心召开"中国无人机产业联盟会议"并发布《公共安全无人机系统通用标准》《多轴农用植保无人机系统通用标准》《电池动力单轴农用植保无人机系统通用标准》三个无人机标准。但这也只是民间的规范，不具有普遍强制力和执行力。[31-36]

我国虽有《民用无人驾驶航空器系统空中交通管理办法》等规定，但也多为临时性、指导性规定。无人机监管法律法规的制定，不是某一个部门的事情，而是涉及多部门多领域，国家有关部门需要统筹安排，统一制定，对飞行驾驶资格、空中适航、飞行申报、侵权构成、赔偿责任等相关问题作出具体规定。[37]

2. 基本的法律规制

为解决"黑飞"问题，同时更是为了加强与完善我国无人机的管理，相关法律法规正加紧出台或修订。

根据中央军委、国务院于2003年1月10日颁布的《通用航空飞行管制条例》，从事通用航空飞行活动的单位、个人，必须按照《中华人民共和国民用航空法》（以下简称《民用航空法》，1996年实施，2015年、2016年进行过修订）的规定取得从事通用航空活动的资格，并遵守国家有关法律、行政法规的规定。民用无人机的低空作业活动，属于通用航空的范畴，须满足通用航空作业的有关条件。

我们来看《民用航空法（2016修订）》关于"民用航空器适航管理"的严格规定：

第三十四条　设计民用航空器及其发动机、螺旋桨和民用航空器上设备，应当向国务院民用航空主管部门申请领取型号合格证书。经审查合格的，发给型号合格证书。

第三十五条　生产、维修民用航空器及其发动机、螺旋桨和民用航空器上设备，应当向国务院民用航空主管部门申请领取生产许可证书、维修许可证书。经审查合格的，发给相应的证书。

第三十六条　外国制造人生产的任何型号的民用航空器及其发动机、螺旋桨和民用航空器上设备，首次进口中国的，该外国制造人应当向国务院民用航空主管部门申请领取型号认可证书。经审查合格的，发给型号认可证书。

已取得外国颁发的型号合格证书的民用航空器及其发动机、螺旋桨和民用航空器上设备，首次在中国境内生产的，该型号合格证书的持有人应当向国务院民用航空主管部门申请领取型号认可证书。经审查合格的，发给型号认可证书。

第三十七条　具有中华人民共和国国籍的民用航空器，应当持有国务院民用航空主管部门颁发的适航证书，方可飞行。

出口民用航空器及其发动机、螺旋桨和民用航空器上设备，制造人应当向国务院民用航空主管部门申请领取出口适航证书。经审查合格的，发给出口适航证书。

租用的外国民用航空器，应当经国务院民用航空主管部门对其原国籍登记国发给的适航证书审查认可或者另发适航证书，方可飞行。

民用航空器适航管理规定，由国务院制定。

第三十八条 民用航空器的所有人或者承租人应当按照适航证书规定的使用范围使用民用航空器，做好民用航空器的维修保养工作，保证民用航空器处于适航状态。

根据中国民用航空局《民用无人驾驶航空器系统空中交通管理办法》（2016年9月21日生效），对无人机的空中交通管理专项问题，进行了较为原则的规定，例如："民用无人驾驶航空器仅允许在隔离空域内飞行。"所谓"隔离空域"，指的是"专门分配给无人驾驶航空器系统运行的空域，通过限制其他航空器的进入以规避碰撞风险"。

国家发展改革委、商务部于2017年6月28日联合对外发布《外商投资产业指导目录（2017年修订）》，于2017年7月28日起施行。新目录是有关部门自1995年首次制定《外商投资产业指导目录》以来的第7次修订（除2015年的这次修订外，其他五次修订的年份分别为：1997年、2002年、2004年、2007年、2011年及2015年）。无人机（需要由中方控股）被纳入"鼓励外商投资产业"："三、制造业""（二十）铁路、船舶、航空航天和其他运输设备制造业""215.地面、水面效应航行器制造及无人机、浮空器设计、制造与维修（中方控股）。"

这显示出我国对无人机，在保障国民安全的条件下持规范管理、鼓励发展的基本态度。

3. 未来立法建议

2015年年初，一架入门级无人机坠落在美国白宫草坪上，引起华盛顿的安全恐慌。同年4月，日本首相官邸的屋顶上也出现了一架来历不明的无人机，经检查带有微弱放射性。无人机安全事件频发，中国和国际社会均急需加强在无人机方面的立法。

我国未来立法中既要充分考虑无人机商业市场的需求，又要平衡商业利益，航行安全及民众隐私保护等多方因素，应重新审视《中华人民共和国民用航空法》《中华人民共和国飞行基本规则》《通用航空飞行管制条例》《民用航空空中交通管理规则》《民用无人驾驶航空器系统空中交通管理办法》等相关规定。

（1）开展顶层规划

制定顶层管理文件是加强民用无人机管理工作的当务之急。

第一，航模作为一种人在地面实施操控的航空器，其系统组成和整体性能已经与无人机趋近，应纳入无人机范畴进行管理。

第二，应制定普遍适用的分类原则，依据分类原则开展分类管理。

第三，民用无人机作为一种特殊的航空器，应在国家空管委的领导下，由民航总局、工信部、工商总局、海关总署、公安部、体育总局以及军方等多个部门一起，承担起研制、销售、使用、维修、报废等环节的管理工作。应建立协调机制，民航总局作为国内民用航空飞行器的主管机关，协调其他主管部门，确保全寿命周期内管理工作得到有序承接。

（2）构建标准体系

我国参与民用无人机研制的单位众多，水平参差不齐，应大力开展标准制定，构建以国家标准、行业标准为主体的民用无人机标准体系，通过标准提升无人机技术水平，规范技术状态，并支撑无人机法律法规的制定和完善。充分借鉴国外已有无人机标准，加速制定无人机系统工作分解结构（Work Breakdown Structure，WBS）、总体平台、飞行管理与导航控制系统、任务设备、感知与防撞等急需确立的标准。

尽快制定民用无人机研制、销售相关法律法规。建立准入制度，严格资质审查，淘汰落后企业，建立有序竞争。加强销售环节的监管，对购买者资格进行限定、进行实名登记备案。加大对非法放飞无人机的单位和个人的惩处力度。严禁无人机的私自改装，规范无人机的回收报废等。

（3）探索民用无人机空管技术手段

民用无人机与民航飞机一样，飞行过程必须接受空管人员的全程管控。在一次监视雷达无法完全满足对民用无人机飞行监视的情况下，对于大中型无人机，应开展航管设备小型化工作，并选择加装应答机、自动相关监视设备、防撞告警系统等，探索航管设备的综合应用，实现无人机飞行全过程的实时监视。

除此之外，还应加装机载语音中继系统，借助数据链路实现紧急情况下航管人员的应急指挥。对于小型、微型无人机，难以安装上述航管设备，应着力于提高导航、定位精度，探索实现及时发布自身状态、提供告警信息的其他技术手段。[38-42]

了解美国无人机立法

对美国无人机立法情况的了解，有助于帮助设计我国无人机法律体系。

（1）新闻获取

美国近年来从联邦到州一级立法机构，一直在为无人机的安全使用制定相关法律法规。有些法律法规已经执行，有的尚在制定中。尽管近两年一些新闻媒体已经尝试在新闻报道中采用无人机，但美国飞行器的最高主管联邦航空管理局（FAA）迟至2015年5月5日才以备忘录的形式，正式对媒体采用无人机进行新闻采访作出规定：

新闻媒体使用无人机进行新闻采访，必须获得联邦航空管理局授权。业余无人机爱好者如果有意使用无人机获取新闻并出售给新闻媒体，也必须获得联邦航空管理局授权。业余无人机爱好者如果在无意中获取新闻并赠送给新闻媒体使用时，不需经过联邦航空管理局授权。新闻媒体如果通过与本媒体无直属关系的第三方无人机操纵者获取新闻，则不需获得联邦航空管理局授权。

（2）小型无人机监管

2015年2月15日，联邦航空管理局公布有关"小型无人机的操作与证书"，对小型无人机的操作与飞行作出具体规定：

①无人机不可以飞过"非相关人员"上空。

②可以通过"第一人称视角"通过飞行，但无人机必须在操作员或观察员的视力范围之内；在官方宣布的日出之前及日落之后不可飞行。

③每次飞行前对无人机及操纵器进行检查以确保飞行安全。

④无人机与其他飞行器一样，必须向联邦航空管理局登记。

⑤无人机与其他飞行器一样，必须有明显的标记；如果无人机机身太小无法在机身上标出标记，则必须以其他形式作出标记。

⑥无人机操作员必须年满17岁，且必须在联邦航空管理局认可的机构通过有关飞行器的初步知识测试；必须通过交通安全管理局的审查；必须取得"小型无人机类"的"无人机操作证书"；每两年必须通过有关航空知识的考试；在有必要时，向联邦航空管理局提交无人机供检查、测试，并提供有关文件与记录。

⑦发生任何造成人身伤害或财产损失的飞行事故，必须在10天内向联邦航空管理局报告。

⑧小型无人机的重量不可超过55磅（1磅≈0.454千克）。

⑨必须对所有人或无人驾驶的飞行器让路。

⑩可以由观察员帮助观察飞行，但对此不做硬性规定。

⑪最快飞行速度不可以超过每小时100英里（1英里≈1.609千米）；飞行高度不可超过地面500英尺（1英尺≈0.305米）；可以在可见度为3英里的气象条件下飞行；不可在18 000英尺以上（A级）的高度飞行。

⑫通过联邦航空管理局批准，可以在B，C，D三个级别的航空领域飞行。

⑬不可以肆意乱飞行。

⑭不可让身心不健全的人士操纵无人机。

⑮不可同时操纵或观察两架以上无人机。

……

（3）美国各州无人机立法

目前美国各州也在制定相关法律与法规。但美国联邦当局拥有"霸占天空权"，因此，如果州一级的法律法规与联邦政府的法律法规产生冲突时，则以联邦政府法律与法规为准。

各州通过的法律法规五花八门：

阿肯色州禁止使用无人机从事窥淫活动，同时禁止使用无人机收集核心基础设施的信息，包括照片或电子信息。

佛罗里达州禁止无人机获取有理由认为涉及个人隐私范围的私有财产的图像。

夏威夷州建立无人机测试与监督机构。

伊利诺伊州建立无人机监管机构。

路易斯安纳州对无人机在农业方面的应用作出规定。

缅因州规定执法机构在取得无人机前必须向州政府申请；规定执法机构使用无人机必须符合联邦航空管理局的规定；使用无人机调查刑事犯罪必须事先获得许可证，但某些特殊情况例外。

加州通过法律，禁止"狗仔队"利用无人机偷拍名人隐私。

马里兰州规定，只有州政府才能立法以禁止、限制或规范无人机的测试与运作。

密歇根州禁止无人机干扰或骚扰正在打猎者，也禁止使用无人机做游戏。

密西西比州规定，使用无人机从事偷窥活动为重罪。

内华达州将无人机视为普通飞机并加以规范；禁止无人机作为武器，禁止无人机未经许可飞越某些区域。

人工智能的法律未来

新罕布什尔州禁止使用无人机从事打猎、渔业等活动。

北卡罗来纳州授权州信息官员管理无人机的采购与运作活动。

北达科他州限制无人机用于侦察活动。

俄那冈州禁止无人机用于打猎及诱捕等活动。

田纳西州禁止无人机用于拍摄某些场面及焰火,也不准无人机飞越管教机构上空。

德克萨斯州禁止无人机飞越州议会上空;无人机飞越某些设施上空不得低于400英尺。

犹他州允许警察利用无人机收集某些试验基地的数据,并参与搜索失踪人员。

弗吉尼亚州规定,执法机构使用无人机从事任何活动,均须事先得到法院的许可证。

从目前联邦及各州立法的情况看,联邦及各州地方政府对无人机的立法管理仍处于"初级阶段",各州各出奇招,而联邦政府的提案能否得到联邦国会批准仍存在变数。既要考虑到军、民用飞机的安全,又要考虑无人机飞越地区的安全,还要考虑到某些国家重要设施的安全以及民众隐私的保护,方方面面都要照顾到。

美国(当然也包括我国)对无人机的立法及管理,仍然任重而道远。[43]

二、专家系统、神经网络

不同科学系统的出现,特别是专家系统、神经网络的迅速发展,使人工智能从一般的思维方法探讨、转入专门知识应用,进而为其走向现实生活提供了更多途径、更大可能。这将引起人类科学体系的变革,使人类社会进入一个全新的时代。

不论是"专家系统""神经网络",还是其他与人工智能相关的科学系统,其本质上属于实现某一目的的基础科学"工具"。如同刀子可以用来切菜,也可以用来杀人,但法律规范仅是工具的使用人,工具的使用方式、范围等,对于工具本身并不作出特别规定;说得再贴切一些,以网络做比,关于规范互联网"使用"相关的法律法规有许多,但是作为工具的互联网本身的研发,法律并不做特别约束。

当然,这只是人类尚未认识到此类底层科技是否对人类种族具有危害性的当前立法状况,未来出现认知变化的可能性也是极大的,如同克隆技术被不断加以法律限制一样。

精神层面对人类的危机,将比肉体危机带来的危险更甚。

专家系统综述

1. 概念

专家系统(Expert System,ES),是人工智能中最重要的也是最活跃的一个应用领域,它实现了人工智能从理论研究走向实际应用、从一般推理策略探讨转向运用专门知识的重大突破。

专家系统是早期人工智能的一个重要分支,它可以看作一类具有专门知识和经验的计算机智能程序系统,一般采用人工智能中的知识表示和知识推理技术来模拟通常由领域专家才能解决的复杂问题。

专家系统是一个智能计算机程序系统，其内部含有大量的某个领域专家水平的知识与经验，能够利用该领域人类专家的知识和解决问题的方法来处理该领域问题。

也就是说，专家系统是一个具有大量的专门知识与经验的计算机智能程序系统，它应用人工智能技术和计算机技术，根据某领域一个或多个专家提供的知识和经验，进行推理和判断，模拟人类专家的决策过程，以便解决那些需要人类专家处理的复杂问题。

简而言之，专家系统是一种模拟人类专家解决领域问题的计算机智能程序系统。

2. 历史

20世纪60年代初，出现了运用逻辑学和模拟心理活动的一些通用问题求解程序，它们可以证明定理和进行逻辑推理。但是这些通用方法无法解决大的实际问题，很难把实际问题改造成适合计算机解决的形式，并且对于解题所需的巨大的搜索空间也难以处理。

1965年，F.A.费根鲍姆等人在总结通用问题求解系统的成功与失败经验的基础上，结合化学领域的专门知识，研制了世界上第一个专家系统dendral，该专家系统可以推断化学分子结构。

20多年来，知识工程的研究，专家系统的理论和技术不断发展，应用几乎渗透到各个领域，包括化学、数学、物理、生物、医学、农业、气象、地质勘探、军事、工程技术、法律、商业、空间技术、自动控制、计算机设计和制造等众多领域，开发了几千个专家系统，其中不少在功能上已达到甚至超过同领域中人类专家的水平，并在实际应用中产生了巨大的经济效益。

专家系统的发展已经历了三代，正向第四代过渡和发展。

第一代专家系统（dendral，macsyma等）以高度专业化、求解专门问题的能力强为特点。但在体系结构的完整性、可移植性、系统的透明性和灵活性等方面存在缺陷，求解综合问题能力弱。

第二代专家系统（mycin，casnet，prospector，hearsay等）属单学科专业型、应用型系统，其体系结构较完整，移植性方面也有所改善，而且在系统的人机接口、解释机制、知识获取技术、不确定推理技术、增强专家系统的知识表示和推理方法的启发性、通用性等方面都有所改进。

第三代专家系统属多学科综合型系统，采用多种人工智能语言，综合采用各种知识表示方法和多种推理机制及控制策略，并开始运用各种知识工程语言、骨架系统及专家系统开发工具和环境来研制大型综合专家系统。

在总结前三代专家系统的设计方法和实现技术的基础上，已开始采用大型多专家协作系统、多种知识表示、综合知识库、自组织解题机制、多学科协同解题与并行推理、专家系统工具与环境、人工神经网络知识获取及学习机制等最新人工智能技术来实现具有多知识库、多主体的第四代专家系统。

3. 构造

专家系统通常由人机交互界面、知识库、推理机、解释器、综合数据库和知识获取6个部分构成。其中尤以知识库与推理机相互分离而独具特色。专家系统的体系结构随专家系统的类型、功能和规模的不同，而有所差异。

为了使计算机能运用专家的领域知识，必须要采用一定的方式表示知识。目前常用的知识表示的方式有产生式规则、语义网络、框架、状态空间、逻辑模式、脚本、过程、面向对象等。基于规则的产生式系统是目前实现知识运用最基本的方法。产生式系统由综合数据库、知识库和推理机3个主要部分组成，综合数据库包含求解问题的世界范围内的事实和断言。知识库包含所有用"如果：〈前提〉，于是：〈结果〉"形式表达的知识规则。推理机（又称规则解释器）的任务是运用控制策略找到可以应用的知识规则。

（1）知识库

知识库用来存放专家提供的知识。专家系统的问题求解过程是通过知识库中的知识来模拟专家的思维方式，因此，知识库是专家系统质量是否优越的关键所在，即知识库中知识的质量和数量决定着专家系统的质量水平。一般来说，专家系统中的知识库与专家系统程序是相互独立的，用户可以通过改变、完善知识库中的知识内容来提高专家系统的性能。

人工智能中的知识表示形式有产生式规则、框架、语义网络等，而在专家系统中运用得较为普遍的知识是产生式规则。产生式规则以IF...THEN...的形式出现，就像BASIC等编程语言里的条件语句一样，IF后面跟的是条件（前件），THEN后面的是结论（后件），条件与结论均可以通过逻辑运算AND、OR、NOT进行复合。在这里，理解产生式规则非常简单：如果前提条件得到满足，就产生相应的动作或结论。

（2）推理机

推理机针对当前问题的条件或已知信息，反复匹配知识库中的规则，获得新的结论，以得到问题求解结果。在这里，推理方式可以有正向和反向推理两种。

正向链的策略，是寻找出前提可以同数据库中的事实或论断相匹配的那些规则，并运用冲突的消除策略，从这些都可满足的规则中挑选出一个最相符的执行，从而改变原来数据库的内容。这样反复地进行寻找，直到数据库的事实与目标一致即找到解答，或者到没有规则可以与之匹配时才停止。

逆向链的策略，是从选定的目标出发，寻找执行后果可以达到目标的规则；如果这条规则的前提与数据库中的事实相匹配，问题就得到解决；否则把这条规则的前提作为新的子目标，并对新的子目标寻找可以运用的规则，执行逆向序列的前提，直到最后运用的规则的前提可以与数据库中的事实相匹配，或者直到没有规则可以与之匹配时，系统便以对话形式请求用户回答并输入必需的事实。

由此可见，推理机就如同专家解决问题的思维方式，知识库就是通过推理机来实现其价值的。

（3）其他部分

人机交互界面是系统与用户进行交流时的界面。通过该界面，用户输入基本信息、回答系统提出的相关问题，并输出推理结果及相关的解释等。

综合数据库专门用于存储推理过程中所需的原始数据、中间结果和最终结论，往往是作为暂时的存储区。解释器能够根据用户的提问，对结论、求解过程作出说明，因而使专家系统更具有人情味。

知识获取是专家系统知识库是否优越的关键，也是专家系统设计的"瓶颈"问题，通过知识获取，可以扩充和修改知识库中的内容，也可以实现自动学习功能。

（4）实现方式

早期的专家系统采用通用的程序设计语言（如fortran、pascal、basic等）和人工智能语言（如lisp、prolog、smalltalk等），是通过人工智能专家与领域专家的合作，直接编程来实现的。其研制周期长，难度大，但灵活实用，至今仍为人工智能专家所使用。

大部分专家系统研制工作已采用专家系统开发环境或专家系统开发工具来实现，领域专家可以选用合适的工具开发自己的专家系统，大大缩短了专家系统的研制周期，从而为专家系统在各领域的广泛应用提供条件。[44-52]

基于神经网络的专家系统

1. 神经网络

（1）概念

人工神经网络（Artificial Neural Network，ANN），简称神经网络，是抽象、简化与模拟大脑生物结构的计算模型，是一种大规模并行处理和自学习自组织的非线性动力学系统。它通过采用物理可实现的器件或采用现有的计算机，来模拟生物体中神经网络的某些特征与功能，并反过来应用于工程与其他领域。就其本身性质而言，神经网络属于基于案例学习的模型，它模拟人类神经网络结构来构造人工神经元。

（2）特征与优势

①结构特征

神经网络的结构特征主要指并行处理，分布式存储与容错性。神经网络是由大量简单处理元件相互连接构成的高度并行的非线性系统，具有大规模并行性处理特征。结构上的并行性使神经网络的信息存储必然采用分布式方式，即信息不是存储在网络的某个局部，而是分布在网络所有的连接权中。一个神经网络可存储多种信息，其中每个神经元的连接权中存储的是多种信息的一部分。当需要获得已存储的知识时，神经网络在输入信息激励下采用"联想"的办法进行回忆，因而具有联想记忆功能。神经网络内在的并行性与分布性表现在其信息的存储与处理都是空间上分布的、时间上并行的。

②能力特征

神经网络的能力特征主要指自学习、自组织和自适应性。自适应性是指一个系统能改变自身的性能以适应环境变化的能力，包括自学习与自组织两层含义。神经网络的自学习是指当外界环境发生变化时，经过一段时间的训练或感知，神经网络能通过自动调整网络结构参数，使得对于给定输入能产生期望的输出，训练是神经网络学习的途径。神经网络能在外部刺激下按一定的规则调整神经元之间的突触连接，逐渐构建起神经网络，这一构建过程称为神经网络的自组织（或称重构）。神经网络的自组织能力与自适应性相关，自适应性是通过自组织能力实现的。

③优点

通过对以上特征的分析，可知神经网络具有以下优点。

△实现了并行处理机制（网络内各个神经元或层内各个神经元之间都可以并行工作或调整），从而可以提供高速处理的能力。

人工智能的法律未来

△信息是分布式存储的（存储在各个人工神经元的权值上），从而提供了联想与全息记忆的能力。

△由于它的连接强度可以改变，使得网络的拓扑结构具有非常大的可塑性，从而具有很高的自适应能力。

△通常人工神经网络是包含巨量的处理单元和超巨量的连接关系，形成高度的冗余，因而具有高度的容错能力和坚韧性。

△神经元的特性（输入输出关系）都是非线性的，因此，神经网络是一类大规模的非线性系统，这就提供了系统的自组织和协同的潜力。

△神经网络可以用数字方式实现，也可用模拟的方式实现，而且，它通常是数模共存的，这更接近于人脑神经网络的工作方式。

迄今，神经网络的研究已经获得多方面的新进展和新成果。提出了大量的网络模型，发展了许多学习算法，对神经网络的系统理论（如非线性动力学理论、自组织理论、混沌理论等）和实现方法（如vr.s1方法、光学方法、分电子学方法等）进行了成功的探讨和实验。

神经网络还在模式分类、机器视觉、机器听觉、智能计算、机器人控制、信号处理、组合优化问题求解、联想记忆、编程理论、医学诊断、金融决策等许多领域获得了卓有成效的应用。

近年来，在图像、语言、文字识别、天气预报、经济预测、管理决策、自动控制等领域也有大量关于神经网络的应用报道。

2. 基于神经网络的专家系统

虽然专家系统已经在不少专门领域显示出相当出色的工作能力，在许多场合下不仅达到而且还超过了人类专家的水平，使人工智能实用化。但专家系统技术本身的问题和局限性已日益明显地显示出来。人工智能专家系统所取得的成就离人们期望的水平在不断接近，专家系统的研制将会进一步促进人工智能理论和技术的发展。

基于神经网络的专家系统的建造，解决了传统专家系统的知识获取的瓶颈问题，且适合解决农业领域环境信息不确定、知识不完整，很难用显性知识描述的领域问题。

专家系统工具的实现可以帮助领域专家不需要知识工程师，而直接训练神经网络并生成神经网络专家系统，提高了专家系统的建造速度。

本系统所训练的神经网络可以根据实际问题的情况，任意确定网络规模和拓扑结构，因此适合各种不同领域的问题。

神经网络专家系统比传统专家系统容错能力强。神经网络模型中，知识信息采取分布式存储，个别单元损坏不会引起错误，容错性好，可靠性高。但是神经网络有其适用范围，主要适合于解决网络输入节点不太多的情况。[53]

专家系统的应用

由于在人类社会中，专家资源相当稀少，有了专家系统，则可使此珍贵的专家知识获得普遍的应用。近年来专家系统技术逐渐成熟，广泛应用在工程、科学、医药、军事、商业等领域，而且成果相当丰硕,甚至在某些应用领域,还超过人类专家的智力与判断。其功能应用领域概括有以下几个方面。

解释(Interpretation):如肺部测试(如PUFF)。

预测(Prediction):如预测可能由黑蛾所造成的玉米损失(如PLAN)。

诊断(Diagnosis):如诊断血液中细菌的感染(MYCIN)。又如诊断汽车柴油引擎故障原因之CATS系统。

故障排除(Fault Isolation):如电话故障排除系统ACE。

设计(Design):如专门设计小型马达弹簧与碳刷之专家系统MOTORBRUSHDESIGNER。

规划(Planning):就出名的有辅助规划IBM计算机主架构之布置,重安装与重安排之专家系统CSS,以及辅助财物管理之Plan Power专家系统。

监督(Monitoring):如监督IBM MVS操作系统之YES/MVS。

除错(Debugging):如侦查学生减法算术错误原因之BUGGY。

修理(Repair):如修理原油储油槽之专家系统SECOFOR。

行程安排(Scheduling):如制造与运输行程安排之专家系统ISA;又如工作站(work shop)制造步骤安排系统。

教学(Instruction):如教导使用者学习操作系统之TVC专家系统。

控制(Control):帮助Digital Corporation计算机制造及分配之控制系统PTRANS。

分析(Analysis):如分析油井储存量之专家系统DIPMETER

及分析有机分子可能结构之DENDRAL系统。它是最早的专家系统，也是最成功的专家系统之一。

维护（Maintenance）：如分析电话交换机故障原因，以及能建议人类该如何维修之专家系统COMPASS。

架构设计（Configuration）：如设计VAX计算机架构之专家系统XCON以及设计新电梯架构之专家系统VT等。

校准（Targeting）：如校准武器如何工作。[54-74]

专家系统的发展趋势

1. 趋势特点

目前，专家系统的开发不仅要采用各种定性的模型，而且要将各种模型综合运用，还要大胆采取人工智能和计算机技术的一些新思想和新技术。它的发展趋势呈现出如下特点。

（1）并行与分布处理

基于各种并行算法，采用各种并行推理和执行技术，适合在多处理的硬件环境中工作。系统中的多处理器应该能够同步和异步并行处理。

（2）多专家系统协同工作

各个子专家系统之间可以互相通信，通过多个子专家系统的协同工作，以提高整个专家系统的解题能力，而不像分布处理特征那样主要是为了提高专家系统的处理效率。

（3）自主学习功能

新型专家系统应提供高级的知识获取与学习功能。应提供合用的知识获取工具，从而面对知识获取这个"瓶颈"问题有所突破。

（4）引入新的推理机制

现存的大部分专家系统只能做演绎推理。在新型专家系统中，除演绎推理之外，还有归纳推理（包括联想、类比等推理）、各种非标准逻辑推理（如非单调逻辑推理、加权逻辑推理等）以及各种基于不完全知识和模糊知识的推理等。

（5）自我纠错与自我完善能力

有了自纠错能力后，专家系统就会随着时间的推移，通过反复运行不断地修正错误，不断完善自己，并使知识越来越丰富。

（6）先进的智能人机接口

理解自然语言，实现语音、文字、图形和图像的直接输入输出，是当今人们对智能计算机提出的要求，也是对新型专家系统的期望。

2. 局限性

现有的ES的确在很多方面具备人工智能所拥有的能力，并且在装备故障诊断和地质勘探领域中取得了一定的成功，但是也存在较多明显的局限性，主要表现在以下四个方面。

（1）知识获取的瓶颈有限

一方面，很难将专家的知识经验用准确的规则描述；另一方面，获取知识的工作量非常大。

（2）自适应能力差

多数专家系统都局限在以某专业领域的知识经验为基础对用

户问题进行求解，对那些系统知识经验未涉及的问题，就无法求解，甚至输出错误的结论。

（3）自学习能力差

不能从求解过的问题中自动学习新的知识，不能从求解问题的成败中积累经验，不能自动修正原有知识库中的知识和经验，从而阻碍了系统的自我提高和自我完善。

（4）实时性差

对于复杂的问题对象，搜索范围大，速度慢，难以满足快速实时输出结论的应用需要。

3. 发展方向展望

针对专家系统存在的问题，研究人员正积极寻求解决问题之道，并逐步规划出以下几个专家系统的发展方向。

（1）由基于规则的专家系统到基于模型的专家系统。

（2）由领域专家工程师提供知识到机器学习和专家工程师提供知识相结合的专家系统。

（3）由非实时诊断专家系统到实时诊断专家系统。

（4）由单机诊断专家系统到基于物联网的分布式全系统诊断专家系统。

（5）由单一推理控制策略专家系统到混合推理、不确定性推理控制策略专家系统。

总之，专家系统的发展除了在知识获取与知识表示等部分功能更加完善以外，在机器学习、推理机制和实时控制等各方面都将会有较大的进展和突破。

随着智能技术和计算机技术的发展，人们对设备以及设备诊

人工智能的法律未来

断技术的自动化程度要求越来越高，专家系统无疑将会成为世界各国最具竞争力的研究课题和发展方向，因此，专家系统的研究和应用前景非常乐观。

三、智能机器人、类脑智能

人工智能具备一定的自我意识、人与机器走向结合（2004年尼尔·哈比森被英国政府承认为首个半机械人）……人和机器的关系变得越发难以捉摸，随着智能机器人、类脑智能的进一步发展，一系列问题随之浮出水面。

中国工程院院士郑南宁认为，基于对人脑信息处理机制及人类智能的研究，将可能发展出一套类脑智能计算理论与技术，引领未来信息技术向智能化的发展方向迈进。类脑智能计算是21世纪科学界的重大挑战之一，是目前计算机科学和人工智能领域备受关注的"大问题"。

脑科学与类脑智能已经成为世界各国研究和角逐的热点，美国、欧盟都相继启动相关研究计划，我国政府也高度重视脑的研究，正在论证相关计划，即将启动"中国脑计划"（脑科学与类脑智能研究）。

完全理解人类大脑的结构和功能是神经科学的一个有吸引力但遥远的目标。然而，神经科学已有的对大脑的有限理解已经可以帮助我们解决一些社会面临的紧急问题。例如，在我们充分理解阿尔兹海默症（AD）的发病机制之前，我们可以鉴定阿尔兹海默症的早期分子或功能性标志。中国大脑项目希望在基础和应用神经科学之间实现平衡，使得一部分研究科学家能够追求他们的兴趣探索大脑的秘密，同时其他人可以应用我们已经获得的研究成果，来预防和治疗脑疾病并开发与脑相关的智能技术。

智能机器人概述

机器人在当前生产生活中的应用越来越广泛，正在替代人发挥着日益重要的作用。机器人技术是综合了计算机、控制论、机构学、信息和传感技术、人工智能、仿生学等多学科而形成的高新技术，集成了多学科的发展成果，代表高技术的发展前沿，是当前科技研究的热点方向。20世纪80年代中期以后是"智能机器人"的大发展阶段，智能机器人能够有效地适应变化的环境，具有很强的自适应能力、自学习能力和自治功能。

1. 机器人定义

欧美国家学者认为机器人应该是"由计算机控制的通过编程具有可以变更的多功能的自动机械"；日本学者认为"机器人就是任何高级的自动机械"；我国科学家对机器人的定义是："机器人是一种自动化的机器，所不同的是这种机器具备一些与人或生物相似的智能能力，如感知能力、规划能力、动作能力和协同能力等，是一种具有高度灵活性的自动化机器。"

联合国标准化组织采纳了美国机器人协会于1979年给机器人下的定义："一种可编程和多功能的，用来搬运材料、零件、工具的操作机；或是为了执行不同的任务而具有可改变和可编程动作的专门系统。"

人工智能的法律未来

2. 发展历程

机器人技术的发展过程大致可以分为以下三代。

第一代机器人为可编程示教再现型机器人，其特征是机器人能够按照事先教给它们的程序进行重复工作。1959年美国人英格伯格和德沃尔制造的世界上第一台工业机器人就属于示教再现型，即人手把着机械手，把应当完成的任务做一遍，或者人用示教控制盒发出指令，让机器人的机械手臂运动，一步步完成它应当完成的各个动作。

第二代机器人（20世纪70年代）是具有一定的感觉功能和自适应能力的离线编程机器人，其特征是可以根据作业对象的状况改变作业内容，即所谓的"知觉判断机器人"。

第三代机器人（20世纪80年代中期以后）是"智能机器人"，这种机器人带有多种传感器，能够将各传感器得到的信息进行融合，能够有效地适应变化的环境，具有很强的自适应能力、自学习能力和自治功能。

3. 机器人关键技术

（1）多传感器信息融合

多传感器信息融合技术是近年来十分热门的研究课题，它与控制理论、信号处理、人工智能、概率和统计相结合，为机器人在各种复杂、动态、不确定和未知的环境中执行任务提供了一种技术解决途径。

多传感器信息融合就是指综合来自多个传感器的感知数据，以产生更可靠、更准确或更全面的信息。经过融合的多传感器系统能够更加完善、精确地反映检测对象的特性，消除信息的不确定性，提高信息的可靠性。

（2）导航与定位

在机器人系统中，自主导航是一项核心技术，是机器人研究领域的重点和难点问题。导航的基本任务是：①基于环境理解的全局定位：通过环境中景物的理解，识别人为路标或具体的实物，以完成对机器人的定位，为路径规划提供素材；②目标识别和障碍物检测：实时对障碍物或特定目标进行检测和识别，提高控制系统的稳定性；③安全保护：能对机器人工作环境中出现的障碍和移动物体作出分析并避免对机器人造成的损伤。

比较成熟的定位系统可分为被动式传感器系统和主动式传感器系统。被动式传感器系统通过码盘、加速度传感器、陀螺仪、多普勒速度传感器等感知机器人自身运动状态，经过累积计算得到定位信息。主动式传感器系统通过包括超声传感器、红外传感器、激光测距仪以及视频摄像机等主动式传感器感知机器人外部环境或人为设置的路标，与系统预先设定的模型进行匹配，从而得到当前机器人与环境或路标的相对位置，获得定位信息。

（3）路径规划

最优路径规划就是依据某个或某些优化准则（如工作代价最小、行走路线最短、行走时间最短等），在机器人工作空间中找到一条从起始状态到目标状态、可以避开障碍物的最优路径。

智能路径规划方法是将遗传算法、模糊逻辑以及神经网络等人工智能方法应用到路径规划中，来提高机器人路径规划的避障精度，加快规划速度，满足实际应用的需要。

(4)机器人视觉系统

机器人视觉系统是自主机器人的重要组成部分,一般由摄像机、图像采集卡和计算机组成。机器人视觉系统的工作包括图像的获取、图像的处理和分析、输出和显示,核心任务是特征提取、图像分割和图像辨识。而如何精确高效地处理视觉信息是视觉系统的关键问题。

机器人视觉系统是其智能化最重要的标志之一,对机器人智能及控制都具有非常重要的意义。目前国内外都在大力研究,并且已经有一些系统投入使用。

(5)智能控制

机器人的智能控制方法有模糊控制、神经网络控制、智能控制技术的融合等。模糊系统在机器人的建模、控制、对柔性臂的控制、模糊补偿控制以及移动机器人路径规划等各个领域中都得到了广泛的应用。在机器人神经网络控制方面,CMCA(Cere –bella Model Controller Articulation)是应用较早的一种控制方法,其最大特点是实时性强,尤其适用于多自由度操作臂的控制。

(6)人机接口技术

智能机器人系统还不能完全脱离人的作用,而是需要借助人机协调来实现系统控制,人机接口技术是研究如何使人方便自然地与计算机交流。设计良好的人机接口就成为智能机器人研究的重点问题之一。

机器人分类

随着计算机、微电子、信息技术的快速进步,机器人技术的开发速度越来越快，智能度越来越高，应用范围也得到了极大的扩展。在海洋开发、宇宙探测、工农业生产、军事、社会服务、娱乐等各个领域，机器人都有着广阔的发展空间与应用前景。

机器人可以从不同的角度进行分类，如按照工作场所的不同，可以分为管道机器人、水下机器人、空中机器人、地面机器人等；按照用途的不同，可分为家用机器人、医疗机器人、军事机器人等。

1. 管道机器人

管道机器人是一种可沿细小管道内部或外部自动行走、携带一种或多种传感器及操作机械，在工作人员的遥控操作或计算机自动控制下，进行一系列管道作业的机、电、仪一体化系统，属于特种机器人的研究范畴。

随着特种机器人技术的发展及管内检测移动机器人技术的成熟，管道机器人在工业中的应用也越来越广泛。其主要功能有：检测管道使用过程中的破裂、腐蚀和焊缝质量情况，在恶劣环境下承担管道的清扫、喷涂、焊接、内部抛光等维护工作，并对地下管道进行修复。

目前国内外管道机器人的研究成果已经很多，可是在微小管道、特殊管道（如变径管道、带有U形管的管道）进行检测、维修方面还刚起步。由于该类管道在各个领域的广泛应用，研发该类机器人的研发前景十分广阔。

2. 水下机器人

水下机器人的种类很多，如载人潜水器、遥控有缆水下机器人（ROV）、自治无缆水下机器人（AUV）等。ROV是最早得到开发和应用的潜水器，而AUV由于自身的优点，代表了未来水下机器人的研究方向。

目前国外如美国、俄罗斯、日本等国家在水下机器人研究方面都取得了一定的成果。国内沈阳自动化研究所和哈尔滨工程大学对水下机器人的研究比较突出。

3. 空中机器人

空中机器人在通信、气象、灾害监测、农业、地质、交通、广播电视等方面都有广泛的应用，目前其技术已日趋成熟，性能日臻完善，逐步向小型化、智能化、隐身化方向发展，同时与空中机器人相关的雷达、探测、测控、传输、材料等方面也正处于飞速发展的阶段。

最近几年，在昆虫空气动力学和电子机械技术快速发展的基础上，各国纷纷开始研究拍翅飞行的仿昆飞行机器人，使仿昆飞行机器人成为机器人研究最为活跃的前沿领域。美国和日本在仿昆飞行机器人的研究开发处于世界领先地位。

4. 军事机器人

军事机器人是一种用于军事领域的具有某种仿人功能的自动机械，其作用有三个方面：一是直接执行战斗任务；二是侦察和观察；三是工程保障。军用机器人广阔的发展前景，引起了世界军事学家们的高度重视，许多国家为此都制订了军用机器人的发展计划。

目前智能军用机器人正向着拟人化、仿生化、小型化、多样化方向发展，随着电脑技术、光电子技术、通信技术以及自动控制技术的不断完善和进步，军事机器人将朝着更高的层次发展。

5. 服务机器人

服务机器人是一种半自主或全自主工作、为人类提供服务的机器人，目前主要有医用机器人、家用机器人、娱乐机器人、导游机器人等。其中医用机器人具有良好的应用前景，能够完成或辅助完成常规医疗方法和设备难以完成的复杂诊断和手术，已在各类外科手术和无损伤检测等方面引起重大变革，大大提高了医疗水平。

娱乐机器人以供人观赏、娱乐为目的，具有机器人的外部特征，可以像人或像某种动物等，同时具有机器人的功能，可以行走或完成动作，有语言能力，会唱歌，有一定的感知能力。如机器人歌手、舞蹈机器人、乐队机器人、玩具机器人等。

足球机器人是目前研究机器人技术及多智能体技术的重要平台，是人工智能领域最具挑战性的课题之一。每年国际上都有各种类型的足球机器人比赛，比较有影响的主要有国际机器人足球联合会（FIRA）和国际人工智能协会组织的RoboCup。

导盲机器人是一种得到广泛应用的服务机器人。其外形如一辆童车，通过有线控制带领盲人行走，当遇到障碍物或有危险情况时，自动停下来并向盲人发出警告。可推广应用于养老院、福利院、商场导购等多种服务领域。

多语种导游机器人也在进行开发和尝试应用，该机器人可同

| 人工智能的法律未来

时用多种语言解说沿途风景，回答游客问题。

6. 仿人机器人

仿人机器人是一种智能机器人，它的外形与人类似，具有移动功能、操作功能、感知功能、记忆和自治功能，能够实现人机交互。具体表现为：在结构化和非结构化的外部环境中稳定移动，对外界物体进行操作，感知环境，产生自治行为。

国际上对仿人机器人的研究主要集中在日本和美国，但各有不同的侧重点。一些研究小组将注意力集中在制造具有人类外形的、能够完成仿人动作且具有商业意义的仿人机器人上，本田仿人机器人是其中的代表之一。

国内对仿人机器人的研制工作起步较晚，1985年以来，相继有几所高校进行了这方面的研究并取得了一定的成果，哈尔滨工业大学和国防科技大学分别成功研制出双足步行机器人，能完成静态、动态步行和一些简单的仿人动作。

7. 微型/微操作机器人

微型/微操作机器人是正在兴起的机器人新领域，以纳米技术为基础，涉及微机械及其基础材料、微电子、微驱动与控制技术、微测量技术、微传感器、微能源、微系统设计等。微操作机器人运动位移在几微米至几百微米的范围内，其分辨率、定位精度和重复定位精度在亚微米至纳米级的范围内。

20世纪80年代末，各国掀起了对微操作机器人研究的高潮，当前的研究重点主要集中在微操作机器人的机构、驱动和显微视觉控制上。[75-104]

机器人享有权利的可能性

在机器人技术飞速发展的同时,各种各样的机器人已经走进了人们的生活。机器人可以满足人类的许多需要,除了打扫卫生、照顾老人和孩子之外,机器人甚至还可以在一定程度上满足人类的情感需要。

未来人类与机器人之间的关系将会越来越密切。关于人与机器人的关系问题属于机器人伦理的研究范畴,其中关于机器人权利的论述似乎比许多其他机器人伦理问题更早地引起了学者们的关注。

2008年,控制论专家沃里克(Kevin Warwick)教授认为,拥有人脑细胞的智能机器人应该被赋予权利,而BBC的主持人米切尔(Gareth Mintchell)则持反对意见。

确实,给机器人赋予某些权利,乍听起来感觉有点令人难以接受。但是,人类历史上经常有某些种族或人群被排除在某些权利之外,在相关群体争取到他们的某些权利之前,人们同样觉得给他们相应的权利是不应该的。

机器人权利研究的可能性与合理性研究,可以源于如下几个方面。

(1)来自动物权利研究的启示

关于动物权利的研究已有相当多的论著问世,其中美国北卡罗来纳州大学哲学教授汤姆·雷根(Tom Regan)的著作影响颇大,他也是动物权利哲学的积极倡导者。雷根认为,动物(主要是哺乳动物)与我们拥有一样的行为、一样的身体、一样的系统和一样的起源,它们和我们一样,都是生命主体。所有的生命主体在道德上都应是一样的,都应是平等的。

当然,平等的原则并不要求相同的对待或完全相同的权利,而是要求平等的考虑。如果动物拥有权利具有一定的合理性,那么根据同样的道理可以推出机器人也可以拥有某些权利。

与动物相比,机器人最大的不同是,动物是天然的生命,而机器人是人类制造出来的。但是,根据目前机器人技术的现状与发展趋势,机器人在某些方面可以比人类更聪明,机器人将来也会比动物更像人类。既然如此,机器人拥有某些权利也就具有一定的合理性。

(2)伦理前瞻性

包括科技伦理在内的人文社会科学研究,应该具有一定的超越性与前瞻性,而不只是针对科学技术与社会的现状进行反思。

当文化落后于社会物质条件的发展速度,就会产生所谓的"文化滞后现象"。为了在一定程度上避免"文化滞后现象"导致的负面效应,我们需要对可能出现的机器人技术及其社会影响作出某些前瞻性的考察,这也是"机器人权利"研究的理论依据之一。

如对克隆人的研究,我们不能等到克隆人在社会上大量出现之后才来研究克隆人的伦理问题,而是应该在克隆人可能产生之前,就进行针对克隆技术与克隆人的伦理问题研究。

(3)培养人类道德修养

康德认为,动物没有自我意识,我们对动物没有直接责任。但是,康德同时也指出:"如果他不想扼杀人的感情的话,他就必须学会对动物友善,因为对动物残忍的人,在处理他的人际关系时也会对他人残忍。我们可以通过一个人对待动物的方式来判断他的心肠是好是坏。"

在人与机器人可能产生的越来越多的互动以及感情联系中，一些不道德的行为也会随之出现，如对机器人的滥用，如果机器人拥有拒绝甚至反抗对其滥用的权利，那么在一定程度上，可以减少甚至避免人与机器人交互过程中可能出现的不道德现象。

（4）机器人成为道德主体的可能性与特殊性

随着机器人越来越多地融入现代人的日常生活，特别是机器人的自主性、智能性程度不断提高，机器人的主体性问题逐渐凸显出来，它们在一定程度上具备了成为道德主体的基本条件。但是，机器人作为人类的创造物，它们的行为显然需要受到人类道德规范的影响与制约。从这个角度看，机器人是人类道德规范的执行者和体现者，又属于道德客体的范畴。

如果我们把社会生活中的人称之为"完全的道德主体"的话，那么机器人就是"有限的道德主体"，这是研究机器人伦理的基本出发点。因此，机器人权利研究需要处理好倡导权利与限制权利这一对基本矛盾。

（5）机器人的法律权利限制

在机器人权利研究中，法律权利引起的争议可能最为激烈。

例如，机器人是否拥有自由权？机器人是人类制造出来为自身服务的，机器人拥有自由权是否与机器人的工具价值相冲突？如果有恐怖分子劫持了飞行器，试图使其往自己预定的方向飞行而不是飞往原来的目的地，此时飞行器是否应该自主作出决定，拒绝恐怖分子的飞行操作，以自动驾驶的方式，飞向正确的目的地？

人工智能的法律未来

又如，机器人是否拥有生命权？如果有人通过暴力手段夺去了机器人的生命，他是否应该受到法律的处罚？机器人是否可以成为法律意义上的原告？机器人在一定程度上与电脑类似，可以分为软件与硬件两部分。在机器人需要升级换代之时，我们是否可以通过更新机器人的软件来改变（或延长）机器人的生命？

在对机器人进行伦理设计的过程中，限制机器人要求更多的权利与赋予机器人某些权利一样重要，甚至限制更为重要。如果机器人拥有高度自由选择的权利，它们选择与人类为敌，将会让许多科幻电影中的情景变成现实。[105-131]

情侣机器人的婚姻与性

2004年1月，第一届机器人伦理学国际研讨会在意大利圣雷莫召开，正式提出了"机器人伦理学"（Roboethics）这个术语。机器人伦理学研究涉及许多领域，包括机器人学、计算机科学、人工智能、哲学、伦理学、神学、生物学、生理学、认知科学、神经学、法学、社会学、心理学以及工业设计等。

相对于西方国家机器人伦理研究的如火如荼、方兴未艾，目前国内学者对这个话题还很少有人涉及。不过，已经有学者开始关注这一新的研究领域。在各种各样的机器人当中，与人类发生亲密接触的"情侣机器人"是比较独特的一类。

1. 自然人与情侣机器人结婚

如果人类与社交机器人产生了感情依赖，那么这种依赖与人类对手机、电脑等产品的依赖完全不同。如果这种机器人从外形

168

与性格等各个方面，都是你喜欢的类型，是否选择机器人做你的伴侣或情人，将会成为一个现实问题。

（1）与传统婚姻伦理的冲突

如果人与机器人结婚的话，这种婚姻首先遇到的障碍就是与传统婚姻伦理观念的冲突。

①爱情是在一定社会经济文化背景下，两性间以共同的社会理想为基础，以平等的互爱和自愿承担相应的义务为前提，以渴望结成终身伴侣为目的，按照一定的道德标准结成的具有排他性和持久性的一种特殊关系。

人类与机器人没有共同的社会理想；与机器人结婚，人们首先可能想到的是希望机器人多尽义务，人类居于支配地位，这显然是不平等的；排他性和持久性也令人怀疑；等等。

②现代一夫一妻制的婚姻伦理，要求夫妻双方彼此忠诚，只有夫妻之间的性生活才是道德的。但是，如果已婚人士对自己的婚内性生活不是特别满意，或者因为工作、健康等原因不能过有规律的性生活，那么已经结婚的人是否会愿意接受自己的配偶拥有一个情侣机器人？

③机器人伴侣的地位与权利问题。如果人与机器人组成家庭的话，与人类相比，这种机器人伴侣具有何种程度的道德地位？我们是否应该把他们看作与我们一样的"活生生的人"？对于家庭所有成员来说，机器人伴侣又应该拥有哪些权利呢？

（2）与宗教婚姻伦理思想的冲突

人和机器人之间的婚姻与传统宗教婚姻伦理思想也会发生激

烈的冲突，其中最大的冲突可能是对宗教婚姻的神圣性的冲击。《圣经》"创世记"中说："神就用那人身上所取的肋骨，造成一个女人……人要离开父母，与妻子结合，二人成为一体。"机器人并不是神创造的，人与机器人的结合显然是与神的启示相违背的。

在伊斯兰教的婚姻伦理中，一般要求结婚的男女双方都是穆斯林，也就是要求有共同的宗教信仰。但是，对于机器人来说，它的宗教信仰如何确定？

（3）技术困难

目前，能够实现与人类良好互动的社交机器人技术还存在一些技术困难。如由于人类社会环境总是处于不断的变化之中，机器人如何应对人类环境的动态变化？相应的问题是，机器人如何拥有终身学习的能力？达到这样的目标需要机器人具有一定的创造能力，那么这种创造能力如何实现？机器人如何精确地识别人类的情感？等等。

2. 自然人与情侣机器人的性关系

（1）是否道德

人与机器人之间的性关系，在很大程度上主要是为了满足人类在性生活方面的生理需要。孟子说："食色，性也。"性的需求乃是人的本性。

有学者将性权利界定为：在不妨害社会秩序和他人性权利正常行使的前提下，自然人为了实现个人的性利益而按照自己的意愿行使的性方面权利,以及排除他人妨害的资格。根据这种界定,只要不违背相应的社会伦理规范,人与机器人之间的性行为可以被看作个人实现自己性权利的一种方式。

(2)虚拟爱情

情侣机器人可以帮助一些不善于社交或者有某种心理障碍的成年人实现他们的性权利,缓解性张力,这是积极和有利的一面。但是,如果人们长期与情侣机器人相处,这种"虚拟的爱情"是否会进一步影响他们与其他人交往的能力,阻碍他们培养融入社会的能力,并阻碍他们拥有正常人的恋爱与婚姻?从伦理学的角度看,人与社会的脱离是不道德的,也是应当避免的。[132-157]

机器写手的著作权

我们现今每天所浏览的各类新闻信息,大部分都是附加诸多内容的新闻作品而非纯粹的时事新闻报道,这一方面模糊了时事新闻的客观真实性,真实的事件隐藏在连篇累牍的主观性描述背后,读者被迫接受本不需要的信息,一种符号暴力产生。另一方面,将简短的事实描述加工成为长篇的新闻作品大大增加了编辑的写作压力,因此机器写手应运而生。

1. "机器新闻"是否受著作权法保护的判断标准

我国著作权法中的作品,是指文学艺术科学领域内具有独创性并能以某种有形形式复制的智力成果。其中最核心的要素是具有"独创性"。

人工智能的法律未来

所谓独创性，按照通说一般理解为作品系独立完成，而非剽窃之作；作品必须体现作者的个性特征，属于作者智力劳动的创作结果。这种创造性应当体现人的智力、思想或情感，并打上具有作者个性的烙印。司法实践中一般通过以下方法进行独创性判定。

（1）如果存在多种表达的可能性，可以认定该表达具有独创性。

（2）通过比较，如果某一表达与其他表达相比存在差异，可以认定该表达具有独创性。

（3）通过观察，如果表达显示出艺术性，也可以认定该表达具有独创性。

根据我国《著作权法》和《著作权法实施条例》的规定，一份智力创作成果首先应当是著作权法意义上的作品，然后属于著作权法给予保护的范畴，才受到著作权法的保护。按照这样的逻辑思路，我们可以对机器人写作的稿件是否受到著作权保护进行判断。

2. "机器新闻"的著作权保护若干问题

（1）著作权的归属界定

就目前技术而言，机器新闻并不能完全自主自觉地进行新闻写作，一般仍需要人工进行修改补充，增加其表达的丰富性。机器写手充当的是初始的写作和加工工具，机器作品的著作权归属，可以纳入现有的著作权权利归属范畴，尤其是职务作品的归属。

机器写手往往由新闻集团出资购买并进行使用，机器新闻的写作无疑属于主要利用法人或者其他组织的物质技术条件创作、并由法人或者其他组织承担责任的职务作品。

但并不应当抹杀自然人作者对于新闻作品创作的贡献，对于利用了机器写手的自由撰稿人而言，自由撰稿人与新闻集团的关系类似于委托关系，并不能因为自由撰稿人使用了公司工具，就忽略其对于新闻作品创作所作出的智力劳动和贡献，否认其独立地位。相应的著作权归属在有约定时按约定执行，没有约定时归属实际创作人（自由撰稿人）。

（2）对素材的商业机密保护

一般而言，机器写手所收集整理的初始材料大多是零散的对于客观事实的描述素材，并不是属于著作权法意义上的作品。但这并不意味着其本身不具有受保护的正当性，初始材料的收集整理凝聚了机器写手为此付出的劳动，相应的也会给机器写手所在单位带来一定的经济利益。因此，初始材料本身也应当是受保护的。

新闻集团可以将之纳入商业机密的范畴进行保护，当竞争对手以不合乎商业道德的方式窃取这些初始资料时，初始材料所有人可以以侵犯商业机密为由提起控诉。

（3）侵犯他人著作权

如果机器写手产出的成果构成作品，并且存在剽窃等不当行为，便会存在侵犯他人著作权的可能性。对他人的侵权，权利人有权禁止并获得相应赔偿。

对于侵权的判定，仍应当坚持接触加实质相似的原则。但应注意的是，新闻作品与公众的言论自由、公众的知情权紧密相关，在侵权诉讼中除了考虑诉讼双方的诉讼请求外，还应充分考虑公众对于信息的知情权和言论自由。[158-175]

类脑智能对人工智能的启发

1. 脑与神经科学的进展

脑与神经科学的进展，特别是借助新技术与新设备的研究支持研究者通过不同的实验方法（如生物解剖、电生理信号采集与分析、光遗传技术、分子病毒学、功能影像分析等）得到对脑的多尺度、多类型的生物证据，正在尝试从不同侧面来揭示生物智能的结构和功能基础。

从微观神经元、突触工作机制及其特性，到介观网络连接模式，再到宏观脑区间的链路及其协同特性，这些实验及机理研究得到的有关脑的多尺度结构与功能机制，将对构建未来类脑智能计算模型提供重要参考价值。

（1）微观层面

生物神经元和突触的类型、数目等在不同脑区中具有较大差异，且能够根据任务的复杂性实现结构和功能的动态适应。现有实验结果表明，兴奋性神经元在前馈神经网络的应用中表现出较好的分类效果，而更加结构多样和功能复杂的抑制性神经元由于计算资源和学习方法的限制，尚未能像兴奋性神经元一样在人工神经网络的训练和学习过程中展示出应有的潜力，这将是未来值得探索的重要研究方向。

突触方面，如时序依赖的突触可塑性（Spike-Timing Dependent Plasticity，STDP）是一类时序依赖的连接权重学习规则，突触权值的变化主要依赖于细胞放电发生于突触前神经元和突触后神经元的先后时刻，通过对放电时间差与权重更新建立数学映射关系，来描述网络中的神经连接强度的变化情况。该原则的生物基础已经在众多的生物实验中被证实，可以分为二相STDP、三相STDP以及部分类STDP机制，如电压依赖的STDP等。

（2）介观层面

特异性的脑区内部的连接模式和随机性的网络背景噪声的有效融合，使得生物神经网络在保持了特定的网络功能的同时，兼顾了动态的网络可塑性。例如，生物神经网络中的泊松背景噪声对生物神经网络的学习和训练过程起到了极大的促进作用。

此外，脑与神经科学研究者普遍认为神经元连接构成的神经网络结构对认知功能的实现具有决定性的支撑作用。神经元之间构成的神经网络基序及基序结构的组合对神经信息处理过程也发挥着决定性作用。由于神经元类型的不同，使得神经元之间的神经网络连接更为复杂。例如，实验表明，有些神经元倾向于与同类型的神经元相连接，有些神经元倾向于与其他类型的神经元相连接，而有些神经元则只与其他类型的神经元相连接。此外还发现，认知功能相近的神经元更容易形成突触连接。

值得思考的问题是：神经元不同的连接模式对应的功能差异

是什么？对于认知功能的实现具有何种意义？实践表明这些结论都对未来类脑神经网络的设计有重要的潜在启发。

（3）宏观层面

不同脑区之间的协同使得高度智能的仿人认知功能得以实现。

如哺乳动物脑的强化学习认知功能，长时、短时记忆功能等都是通过不同脑区功能的协同，从而实现更为复杂的认知功能。脑区之间的连接不仅决定信号的传递，而且反映了信息处理的机制。如脑区之间的前馈连接可能反映了信息的逐层抽象机制，而反馈连接则反映了相对抽象的高层信号对低层信号的指导或影响。

此外，有些脑区负责融合来自不同脑区的信号，从而使对客观对象的认识更为全面（如颞极对多模态感知信号的融合），而有些脑区在接收到若干脑区的输入后则负责在问题求解的过程中屏蔽来自与问题无关的脑区的信号。

2. 关于类脑智能模型的思考

脑是自然界中最复杂的系统之一，由上千亿神经细胞（神经元）通过百万亿突触组成巨大的神经网络，实现感知、运动、思维、智力等各种功能。大量简单个体行为产生出复杂、不断变化且难以预测的行为模式（这种宏观行为有时叫作涌现），并通过学习和进化过程产生适应，即改变自身行为以增加生存或成功的机会。

类脑智能研究需要加强人工神经网络和生物神经网络在结构、功能和学习机制上的融合，尤其迫切需要围绕两个方向进行科研攻关。

（1）迫切需要发展更加高效能的新一代人工神经网络模型

目前的深度神经网络（Deep Neural Network，DNN）一定程度上已经借鉴了神经系统的工作原理，并具备相对完整的编解码、学习与训练方法，但从发展和应用的眼光看，该类模型还存在巨大的提升空间。

而大部分脉冲神经网络（Spiking Neural Network，SNN）在学习与训练算法方面更多地借鉴了神经元、突触等微观尺度的机制，其在学习方式上更加接近于无监督学习，计算效能也比深度网络高出一个量级，但由于网络训练只考虑了两个神经元之间的局部可塑性机制，对介观（如神经元网络连接、皮层结构）、宏观尺度（如脑区之间的网络连接）的借鉴非常缺乏，因此在性能上与DNN等模型还存在一定差距。

两个模型都需要不断从脑科学中汲取营养并不断融合，发展出性能更好、效能更高的新一代人工神经网络模型。

（2）迫切需要发展可自适应的类脑学习方法与认知结构

在类人认知行为的机器学习方面，越来越多的研究着眼于提高神经网络、认知计算模型和智能系统的自适应能力。

让机器像人一样不断地从周围环境对知识、模型结构和参数进行学习和自适应进化，是机器学习的最高目标，这种学习方式被称为终身学习（Life-Long Learning）或永不停止的学习（Never-Ending Learning），里面混合监督学习、无监督学习、半监督学习、增量学习、迁移学习、多任务学习、交互学习等多种灵活方式。

最新的基于生成模型的贝叶斯程序学习，体现了人脑普遍的个例学习能力。认知科学认为,一个概念的形成具有组合性和因果性,因此认知一个新概念时用到了已有的经验积累,从而具有个例的举一反三能力。贝叶斯程序学习借鉴了这些认知科学里的概念,对字符图像进行笔画的分解和组合性的学习和推理,让程序学会如何学习,从而能举一反三地辨认新样例并产生新字符,在一个特定的视角通过了视觉图灵测试。

发展可持续的类人学习机制,需要通过脑科学建立适合这类学习机制的认知结构;同时直接从大网络中通过学习演化出类脑的认知结构则更是期望的基础性突破。[176-229]

四、仿生人、虚拟人

仿生人首次亮相

"仿生人"是指以模仿真人为目的制造的机器人。这个名词一直以来都是科幻和机器人学的一大主题,但由于技术的高低决定了其仿真的程度,实际研究仍长期处于试制阶段。

目前在这一领域作出突破的是两位杰出的英国机器人专家贝托尔特·迈耶和理查德·沃克,在英国维康基金的赞助下,制造出了第一个符合"仿生人"意义的机器人,2013年于英国首次公开展出。

该仿生人被起名为"雷克斯",他拥有一张以制造者迈耶为蓝本的逼真脸孔,以及人造手脚、人造器官等,团队称其为世界首个初具雏形的仿生人。

仿生人雷克斯总造价约10万美元，研究团队首次将来自17个不同国际制造商的零部件组装在一起，完成了一个功能与真实人类有60%~70%相似度的仿生人。其拥有人工血液循环系统、人工胰腺、肾脏、脾脏和气管等，甚至还实现了人工眼自动对焦的功能。

至于其他部分，3D打印技术赋予了其骨骼肤基，纳米粒子构筑了其血液，而"视力"则来自一项经美国食品和药物管理局批准应用的仿生眼设备，正是该技术使得部分盲人有了重见光明的机会。

但对于一个完整的仿生人来说，雷克斯还有很长的路要走。他的肾只是一个雏形，没有消化系统、肝脏及皮肤，也没有脑组织。

《卫报》评论称，仿生人让我们看到未来人类的身体和器官是可以被仿造和替代的。科学家们希望，人造器官的普及，可以有效缓解全球共同面临的器官源稀缺问题。

不过，这个仿生人雷克斯一度引起关于伦理道德方面的争议。波士顿大学教授乔治·亚那曾对此发出警告称：假体不断被植入人类身体时，就存在变成"非人"的危险；而且，创造一个新物种可能会反咬你一口，其最终会失去控制、毁灭它的创造者们。

人类增强技术若干问题

1. "人类增强"的概念

"人类增强"技术是利用基因、医学、药理学等知识的运用，从而对人类产生彻底的迅速的改变，是非自然的非循序渐进式的改变，它与常规治疗最大的不同点就是所追求的最终目标不同。

增强技术的应用并不是基于人们对健康的需求，而是基于人们对生活方式的追求，对所谓"幸福"的追求。增强应包括增加与加强两个方面，增加就是增加人类自身本没有的功能或能力；而加强是指在原有的基本功能或能力的基础上使其超出正常范围。其中涉及人们的外貌、体型、认知、行为、寿命以及人格的改变等方面。

2. 增强技术的发展趋势

关于增强技术，目前还只是一种可能性发展，或是未来发展目标，但某些技术在特定的领域已经有所实践应用。

（1）首先在改善人类的情绪方面。人们利用百忧解（一种治疗精神抑郁的药物），来使精神亢奋，控制情感，改善情绪；利用利他林（中枢兴奋药）来集中注意力，改变认知，增强记忆力；利用莫达非尼用来保持清醒抵抗困意。

（2）其次在提高人类体能方面。利用生长激素促进身体的发育；利用伟哥增强男性的性功能；利用红细胞生成素提高运动性能（俗称兴奋剂）等。

（3）最后在改善人类相貌方面。通过美容手术改善人的容貌或者身体样态等。

除了目前市场上现有的药物和技术之外，还有一些能够起到增强的药物和技术正在开发研制当中，如以下几种药物和技术的研究。

（1）通过电子芯片的植入从而提高大脑功能，储存和提取大量新信息，帮助人类迅速学习新语言或掌握新工作的能力。

（2）通过生物纳米技术使人类的感觉器官的敏感性超出其自然能力水平。

（3）通过基因的改变，即通过转基因技术培养出增强运动员。

（4）通过改变细胞的基因结构从而达到"设计婴儿"的目的等。

但这些正在开发的技术的理论可行性以及实际应用性已经引起了各界学者和专家们的质疑和争论。

3. "人类增强"所面临的伦理问题与挑战

（1）公平与公正

社会资源相对于人类发展的需要而言是相当有限和匮乏的，因而并不是每个人都有机会能够享有通过增强技术来改善或提高自身的能力。这时，对于未增强者来说，他们与增强者之间便有了人为的差距，这实质上是破坏了社会公平竞争的制度，减少了未增强者参与公平竞争的机会，给未增强者带来了巨大的压力。

（2）权利与责任

原则上，人们可以按照自己的需要作出是否增强的决定和选择，或者是选择哪种特殊的增强方式来提升生活质量。但是关于是否增强的问题不仅仅是个人的事情，还涉及社会和国家。因此个人的自主权利是有限度的，只能是在一定的范围之内才能自由运用，且应符合善的追求。

对于增强的权利问题，除了在不违背社会规范的大前提下允许拥有自主能力的成年人自由选择之外，对于未成年的孩子或者胎儿是否有权利进行增强选择，将是一个让人慎思的难题。

（3）人性与尊严

对于人类增强技术应用的争论中，其中一个重要的分歧点是关于对"人性"的探讨，有的学者认为，增强技术的实施应用是对传统关于人性理念的挑战，是对人的价值和意义以及人的尊严的颠覆与考验。

人们对于增强技术应用的分歧主要是围绕着"人是什么以及怎样才算是真正的人？"这个话题而进行的辩论，是对增强技术实施应用的形而上的哲学思辨。人类增强技术的应用是否是对人性的终极挑战？通过技术增强的人类还能称为传统意义上的"人"吗？这些疑问一直在困扰着人类，但是至今还是没有统一明确的答案。

（4）增强与幸福

随着增强技术的发展，人类追求幸福的欲望也日益强烈。即使通过技术满足了人们追求"更好生活"的欲望，但是这种欲望的满足并不一定就是幸福。增强技术只是人们获得幸福的一种手段或工具，并不是幸福之本质所在。

4. 增强技术发展的应对策略

为了预防和减少增强技术给社会带来的负面影响，对增强技术应该进行差异性的发展，包括自由发展、部分限制发展和完全禁止发展。

（1）自由发展

自由发展是指增强技术的应用情况应该由市场的需求来自动调节，而不需要政府的调控介入。当代社会是一个道德多元化的社会，因而对于不同的价值观与审美观应采取宽容的态度，应该允许人们根据自己的审美需要而自由选择增强技术。

允许该技术随着市场的需求而自由发展，但是政府需要为人们争取获得知情同意的权利提供保障，需要对其技术本身的发展即技术层面进行监督与评估。

（2）部分限制发展

人类增强的问题不仅仅是个人的问题，还涉及对整个人类的影响问题，对于增强技术的发展需要道德和法律加以约束和限制，从而达到技术目标与道德价值的统一，技术后果与伦理规范的相融，道德约束与法律制约的互补。

例如，对于部分基因工程技术的发展需要国家政府加以限制发展。其技术的发展对于医学事业以及国家的繁荣强盛都有着非常重要的作用，但是如果流入社会成为商品化产物则将会造成严重的后果，因而该技术的发展需要国家加以限制，只能允许其在研究室进行科研实验而不能流入市场。

（3）完全禁止发展

有些增强技术对于人类的发展具有致命性的冲击，因而对其发展需要加以严格禁止，以防给社会带来灾难性的后果。例如，

人工智能的法律未来

对于通过改变细胞的基因结构从而达到"设计婴儿"的技术应该给予严厉禁止。

因为该技术一旦得到广泛应用,将会对社会造成难以预估的不良后果,而且这种后果将会持续到下一代甚至以后好几代。国家应该颁布强制性的法律条文,对该技术进行严格封锁。[230-249]

虚拟人

1. 网上查询的虚拟人概念

百度百科中的"虚拟人"(医学领域术语)类似前面讲的"生化人",其定义为:"虚拟人"(Virtual Human)并不是互联网上的那种虚拟主持人,而是通过数字技术模拟真实的人体器官而合成的三维模型。这种模型不仅具有人体外形以及肝脏、心脏、肾脏等各个器官的外貌,而且具备各器官的新陈代谢功能,能较为真实地显示出人体的正常生理状态和出现的各种变化。

研制"虚拟人"的目的,是为医学或其他学科的研究提供更为精致的演示条件。此外,在军事医学上,也可以让"虚拟人"来试验核武器、化学武器和生物武器对人体造成的各种疾患,从而研究其治疗方法。

本书所说的虚拟人,并不是上面的概念,而是指自然人思维的虚拟化,或虚拟世界中的人。

2. 罗斯布拉特提出的"虚拟人"(思维克隆人)的诞生

"如果本我未曾改变,那么我们的心灵电路是生物的还是电

子的，又有什么差别呢？"（《虚拟人》一书中雷·库兹韦尔推荐序）[250]

在《虚拟人》这本书中，玛蒂娜·罗斯布拉特指出"思维克隆人（mindclone）是具有人类级别意识的存在，可以复制人类思维文件中的固有意识，是一个人身份的数字二重身和数字延伸"，她用引人入胜的例子向我们介绍了虚拟人的理念。

罗斯布拉特与妻子共同建立了通过人工智能实现人类不朽的研究基地，在得到妻子支持后做了变性手术，成为一名女性，并以妻子碧娜（Bina）为原型制造了一个思维克隆人——现实版机器人"克隆"：Bina48。

超越人类身体的物理界限，实现人类思维、意识永生不死。《虚拟人》通过思维文件、思维软件、思维克隆人及思维克隆技术等核心概念，向我们展现了一幅人类未来思维永生的蓝图。

如果世界上第一个思维克隆人是华裔，她不会感到惊讶。罗斯布拉特的理由包括中国软件工程师和社交媒体用户数量居全球之首，加之创业氛围浓厚，以及中国法律体系快速发展，较之基于罗马法的陈旧司法体系，能更好地包容"思维克隆人"的存在。

罗斯布拉特预言，到2030年，第一个思维克隆人就可能诞生。但是没有肉体、只复制了大脑部分功能的思维克隆人是否能够代表所复制的对象？而很可能产生自我意识的思维克隆人是否存在潜在的危险？

让我们一起阅读一篇澎湃新闻对罗斯布拉特进行的邮件采访：

问：除了思维文件外，思维克隆人还能如何复制人类的意识？

答：我想如果从理论上讲，是可以用很小的波长扫描技术扫描大脑中所有的神经连接，但这种技术还要几十年以后才能实现。所以使用思维文件更容易创造一个思维克隆人。

问：人们留在网络上的数据能够真正代表他们吗？有时候，人们在现实生活中和在虚拟世界中的表现并不一样。我们如何才能确定哪一部分才是真实的人们呢？

答：如果思维软件足够好，那么人们留在互联网上的信息就足够了。这需要从心理和法律层面来逐一分析这种数据组成的代理人是不是原来那个人，或是一个全新的法律主体，再或者仅仅是一个假装具有人格却没有自我意识的软件。我相信在21世纪，网络心理学和网络法律学会成为从业人数最多的职业。

问：你讲到思维克隆人同样拥有权利和义务，它们可以拥有的权利和应该承担的义务有哪些？

答：思维克隆人应该享有任何公民都具有的基本权利和义务。它们享有的权利：只要它们不伤害其他人，就不能被杀害；它们也有权享受自己的生活、工作、阅读，也能在线观看电影、玩游戏和进行互联网社交。它们要承担的责任：尊重法律，要为自己的行为负责，要对自己的家庭负责任。

问：你说思维克隆人能使我们得到永生。假设现在一个叫作迈克的人死去了，留下他的基因克隆人和思维克隆人，那么两者中的哪一个能让我们相信迈克重生了？

答：我们最终还是需要从心理和法律层面来决定思维克隆人迈克是不是原本那个迈克。思维克隆人迈克会被心理学家面试，心理学家也会拿到迈克本人的数据记录。心理学家会把面试结果交给那些确定思维克隆人迈克身份的律师，律师再去申请正式的官方认证。

我觉得一开始取得官方认证的思维克隆人肯定不多，但随着思维软件质量的提高，认证的成功率就会提高。100年之后，人们将习以为常地依靠思维克隆人继续生存。同时，那些未能取得法律认证的思维克隆人，仍然会被他们的朋友和家人当作某人的复活体，因为他们拥有相同的人格和记忆。

而迈克的基因克隆人是永远不能使得迈克重生的，因为基因不能复制我们思维的内容，而后者在法律上决定我们的身份。

问：如果思维克隆人拥有自我意识，它们对人类来说会非常危险吗？或者它们会比基因克隆人更加危险吗？

答：我不认为思维克隆人会变得危险，因为危险的软件是不会有市场需求的。例如，没人会购买不能刹车的汽车，也没有人会购买引火烧身的设备，同样，没有人想要制造一个可能发疯的思维克隆人。

不管是谁创造出一个思维克隆人，在思维克隆人取得法律认证的身份之前，都需要对它的所有行为负责。当然也可能有例外，可能会出现犯罪的思维克隆人，但和犯罪的人类并没有什么差别，它们会被警察捉住并绳之以法。

有些思维克隆人还会成为警察，因为有时候需要用一个思维克隆人捕捉另一个思维克隆人，就好像我们现在的"以贼捉贼"。

问：思维克隆人会成为学者的好帮手吗？

答：我相信思维克隆人能成为学者的好帮手，就像不同国家的学者能成为彼此的好帮手一样。

人工智能的法律未来

问：什么样的工作会被人工智能替代，而什么样的工作不会？

答：思维克隆人和人工智能不太一样。人工智能是一种软件，而思维克隆人是具有意识的人，即使没有皮肤。

思维克隆人在它们的思维文件中会运用到人工智能，但就像有血有肉的身体运用生物反应一样。

人工智能可以去做具有自我意识的人不愿意去做的工作，一般是那些不太需要人际交往或者个性表达的工作；而思维克隆人会倾向于做那些以人类意识为必要组成部分的工作。

问：人类劳动力最终会被人工智能代替吗？人工智能会让所有人都失业吗？社会会进入混乱状态吗？

答：人的天性就是在生活中寻求意义，最基本的意义就是寻求住处和食物。当像人工智能这样的技术能够帮助我们满足最基本的需求时，我们就会产生更高级的诉求，比如创造美或者为我们的朋友提供情感支持，学习物理学，探索深海和外太空。

整个宇宙为人类更高的诉求提供了无限的可能性。当工业革命来临之时，大部分人并没有丢掉工作。事实上，现在工作的总人数比历史上任何时期都要多。人工智能将提升我们的人生意义，而社会将迎来一次新的文艺复兴。[251]

3. 库兹韦尔"人类级别的人工智能"

1999年，雷·库兹韦尔（奇点大学校长，谷歌工程总监，畅销书《人工智能的未来》作者）写出《机器之心》（*The Age of Spiritual Machines*）一书，并认为，"到2029年，我们将在机器中实现人类

第三部分
明天智慧

级别的人工智能"，这些人工智能将能够通过"图灵测试"。

《机器之心》出版后不久，一场人工智能专家会议在斯坦福大学召开，与会专家达成一致，认为人类级别的人工智能将会出现，但并不需要几百年那么长时间。当时，批评《机器之心》一书的声音不绝于耳，如有人认为，"摩尔定律将会终结""硬件将可能实现指数级增长，但软件将陷入泥潭""机器并不会拥有意识和自由意愿"等。

雷·库兹韦尔在《奇点临近》（The Singularity Is Near）一书中回应这些批评，并坚持有关2029年的预测。

雷·库兹韦尔指出：尽管人类的思想有局限，但人类依然有足够的能力去合理地想象奇点来临以后的生命形态。最重要的是，未来出现的智能将继续代表人类文明——人机文明。换句话说，未来的计算机便是人类——即便他们是非生物的。这将是进化的下一步：下一个高层次的模式转变。那时人类文明的大部分智能，最终将是非生物的。到21世纪，人机智能将比人类智能强大无数倍。[252]

人工智能的影响力不断增强的一个例证是，IBM的超级计算机沃森（Watson）在一档名为《危险边缘》（Jeopardy！）的益智问答节目中打败了两名最强的人类选手布拉德·拉特（Brad Rutter）和肯·詹宁斯（Ken Jennings）。

事实上，沃森得到的分数比拉特和詹宁斯的分数之和还要高。

批判者通常会忽视人工智能的意义：虽说人工智能可能在某

些方面拥有超越人类的技艺，比如下象棋或开汽车，但人工智能却无法拥有人类智能广泛且精密的能力。

不过，《危险边缘》节目可不单单是范围狭窄的任务，它的问题会以自然语言呈现，其中包括了双关语、暗喻、谜语和笑话等，且要求应答者必须具备运用人类现有知识进行逻辑推理的能力。例如，沃森在韵律类问题中很快答对的一道题目，"一个泡沫状的馅饼装饰做的冗长乏味的演讲"，却难倒了拉特和詹宁斯。

人们并不知道的是，沃森的知识库并不是由工程师提前编码设定的——它通过读取维基百科和其他几个百科全书网站（全部是自然语言文件）获得知识，所以沃森实际上并没有像人类一样读完这些文件。

它可能读完某一页资料后就得出结论："贝拉克·奥巴马有56%的概率成为美国总统。"当然你可能也读过那一页资料，但你可能会认为这个概率是98%，因为你更善于阅读并深入理解文意。而沃森通过阅读两亿页文件，弥补了机器只能进行粗略阅读的劣势。这是因为，它拥有一个优秀的贝叶斯推理系统，能将所有索引信息集合起来，从而得出结论认为奥巴马有99.9%的概率竞选成功。

它能够根据两亿页文件作出这样的推理，而这一巨大的阅读量足以在《危险边缘》节目三秒钟的时限内完成。我认为，2029年人工智能将能够像人类一样阅读。意义在于，它们将能够使用互联网整合它们的人类级别理解，并用这种理解去学习十亿份文件资料。

第三部分
明天智慧

那么，人类级别人工智能的到来将有什么意义？

许多倡导未来主义的科幻电影，如《终结者》告诉我们：这些人工智能对人类而言没有多大用处。但如果我们去追寻人工智能的发展轨迹，也就是人工智能的整个发展史，便肯定会得出不同的结论。

数千年前，人类无法摘到高处树枝上的水果，因此发明出了能够延伸人类所及范围的工具；后来，人类又创造出了能够增强肌肉力量的工具，因此沙漠中竖立起了金字塔；今天，人类只需要敲几下键盘，便可以访问人类所有的现有知识。当代人工智能不再只是属于少数几个富有公司或政府组织的特权，而是数十亿普通人的权利。

人类延伸了其身体和精神的所及范围，这种延伸将继续发展，直到人类级别的人工智能成为现实。[253]

参考资料：

[1] 何树林："浅谈智能汽车及其相关问题"，《汽车工业研究》2010年。
[2] 缪学勤："智能工厂与装备制造业转型升级"，《自动化仪表》2014年第3期。
[3] 裴长洪、于燕："德国工业4.0与中德制造业合作新发展"，《财经问题研究》2014年第10期。
[4] 赵福全："战略坚定与否是建设汽车强国之关键"，《汽车与安全》2014年第2期。
[5] HAO H, WANG H W, OUYANG M G. Comparision of Policies on Vehicle Ownership and Use Between Beijing and Shanghai and Their Impacts on Fuel Consumption by Passenger Vehicles [J]. Energy Policy, 2011, (39): 1016 – 1021.
[6] 赵福全、刘宗巍："汽车强国战略视角下的本土企业定位分析"，《汽车科技》2014年第6期。
[7] 周济："智能制造——'中国制造2025'的主攻方向"，《中国机械工程》2015年第17期。
[8] 王悦、刘宗巍、赵福全："汽车产业核心技术掌控力评价体系研究"，《汽车

工程学报》2015年第5期。
[9] 中国汽车工业协会:"2014年汽车行业经济运行情况及2015年走势分析",《中国经贸导刊》2015年第6期。
[10] 薛秉津、沈森垚:"新型智能汽车潜在节油量的量化分析",《中国市场》2015年第15期。
[11] 刘露:"城市交通低碳发展的智能化选择",《中国科技论坛》2013年第6期。
[12] 陈庆修:"智能汽车及发展路线图",《学习时报》2015年第5期。
[13] 刘宗巍、陈铭、赵福全:"基于网联化的全天候汽车共享模式效益分析及实施路径",《企业经济》2015年第7期。
[14] 沈长月、周志忠:"无人驾驶汽车侵权责任研究",《法律经纬》2016年第9期。
[15] 张文显:《法理学(第三版)》,法律出版社2007年版。
[16] 张新宝:《侵权责任立法研究》,中国人民大学出版社2009年版。
[17] 赵盼:"城市环境下无人驾驶车辆运动控制方法的研究",中国科学技术大学,2012年。
[18] 李永军:"'产品自损'的侵权法救济置疑",《中国政法大学学报》2015年第3期。
[19] 李政佐:"论人工智能产品侵权行为责任认定——以人工智能汽车为例",《商界论坛》。
[20] 张新宝:《侵权责任法》,中国人民大学出版社2013年版。
[21] 唐洪霞:"论土壤污染侵权的责任认定",《黑龙江省政法管理干部学院学报》2014年第6期。
[22] 陈晓林:"无人驾驶汽车对现行法律的挑战及应对",《理论导刊》2016年第1期。
[23] 张冷夫:"产品责任的认定研究",《社科纵横》2004年第19期。
[24] 刘学宽、陈李丽:"浅谈产品责任的因果关系认定",《山东审判:山东法官培训学院学报》2013年第29期。
[25] Alberto Broggi. Proud Car test 2013. Vislab, Retrieved. July. 17. 2013.
[26] 孙仕祺、马杰:"历史与现实:无人机发展历程、现状及其所面临的挑战",《飞航导弹》2005年。
[27] Craig Hoyle. Unmanned air vehicle legislation–Unmannedskies: Soonareality? [J]. JANE, SDEFENCEWEEKLY, 2003, 6, 10.
[28] NickCook. ISR-MANNED OR UNAMANNED? Going solo? JANE'S DEFENCE WEEKLY, 2003, 11, 19.
[29] MARK HEWISH. Pilot less progress report–UAV shave made exceptional strides recently INTERNATIONALDEFENSE REVIEW, 2000, 9, 1.
[30] KIM BURGER. US Army seeks to speed up UAV expansion JANE'S DEFENCE WEEKLY, 2002, 4, 17.
[31] 马瑞:"无人机领域的法律监管制度",《农村经济与科技》2016年第27卷第20期(总第400期)。
[32] 黄涛:"12页搞定商业计划书",《企业观察家》2013年第8期。
[33] 张项民:"创业从商业计划书开始",《中国人才》2012年第6期。

[34] Marcia Layton Turner,金笙:"只有一页的商业计划书",《商》2012年第21期。
[35] 史琳、宋微、李彩霞等:"量身定制商业计划书",《价值工程》2013年第28期。
[36] 贺尊:"创业计划书的撰写价值及基本准则",《创新与创业教育》2012年第5期。
[37] 党小学:"无人机监管法律空白亟须填补",《检察日报》2016年4月25日。
[38] 艾洪昌、王春生:"我国民用无人机管理现状探析",《管理观察》2015年第3期。
[39] 于祥明、姜隅琼:"民用无人机标准加速制定"《上海证券报》2013年9月26日。
[40] 苗延青、金镭等:"浅谈我国民用无人机适航发展趋势",《航空标准化与质量》2014年第6期。
[41] 顾春平:"空中交通管制监视新技术简介",《现代雷达》2014年第32期。
[42] 马滢:"国内外无人机标准现状及思考",《航空标准化与质量》2006年第3期。
[43] 鲍广仁:"无人机并非自由无边——美国联邦及州一级立法机构对无人机的立法与管理",《中国传媒科技》2015年9月。
[44] [美] Rob Callan:《人工智能》,电子工业出版社2004年版。
[45] 张仰森、黄改娟编著:《人工智能教程》,高等教育出版社2008年版。
[46] 张金寿、周建峰:《专家系统建造原理及方法》,中国铁道出版社1992年版。
[47] [美]Thomas Dean,James Allen,Yiannis Aloimonos:《人工智能—理论与实战》,电子工业出版社2004年版。
[48] 王碧泉、范洪顺、陈佩燕等:《专家系统及其在地震预报中的应用》,中国科学技术出版社1993年版。
[49] 戴汝为:《人工智能》,化学工业出版社2002年版。
[50] 施鹏飞、姚远:《人工智能教程》,上海交通大学出版社1993年版。
[51] 朱岳清、梅世蓉:《地震综合预报专家系统》,地震出版社1991年版。
[52] 肖叶、若山、金恩梅:《高科技十万个为什么—人工智能》,昆仑出版社2003年版。
[53] 曹珊、贺正洪:"基于神经网络的专家系统的研究及应用",《战术导弹技术》2006年第4期。
[54] 赵春江、杨刚:"农业专家系统现状与未来",《农业网络信息》1992年第2期。
[55] 吴泉源:《人工智能与专家系统》,北京国防科技大学出版社1995年版。
[56] 冯定:《神经网络专家系统》,科学出版社2006年版。
[57] 冯玉强:"基于神经网络与专家系统继承的智能决策支持系统研究",《哈尔滨工业大学学报》1999年第3期。
[58] 杨一平、戴汝为:"神经网络专家系统及其应用",《中国应用电子学报》1990年第5期。
[59] R Setiono. Research and application based neural network. IEEE Trans on Neural Networks. 2000, 11(2): 512-519.
[60] Pearl. Probabilistic Reasoning in Intelligent Systems. Morgan Kaufmann

Publishers, 1999: 96-97.
[61] QUINLAN JR. Artificial intelligence basic principle and application. Journal of Artificial Intelligence Research. 1996, 4(2): 77-78.
[62] 马玉祥、武波:《专家系统》, 北京理工大学出版社 2001 年版。
[63] 刘群、陈云录等:"一种面向工程应用的专家系统开发工具",《哈尔滨理工大学学报》1996 年第 3 期。
[64] 梁静:"神经网络专家系统一体化理论与实现", 北京科技大学博士论文 1999 年。
[65] 田禾、戴汝为:"基于人工神经网络的专家系统",《计算机学报》1998 年第 3 期。
[66] 邵军力、张景、魏长华:《人工智能基础》, 北京电子工业出版社 2000 年版。
[67] 蔡自兴:《高级专家系统》, 科学出版社 2014 年版。
[68] Lyudon, M &Tan, C.(1995). An object-oriented knowledge base for domain expert systems. Expert Systems with Applications. 1997, 2(3): 66.
[69] 王亚东、李海峰:"专家系统开发环境",《哈尔滨工业大学学报》1996 年第 2 期。
[70] 杨燕、王万森:"专家系统中不确定知识表示和处理的研究",《中国人工智能学会第 9 届全国学术会论文集》2001 年。
[71] 上官周平:"农业专家系统及其应用",《农业现代化研究》1994 年第 15 期。
[72] 丁克坚、胡官保等:"水稻主要病害诊断、预测、防治专家系统的研究",《安徽农业大学学报》1998 年第 2 期。
[73] Zhao chunjiang, Research and Application of Platform for Agricultural Intelligent Systems, In ISIA IT2000, Beijing China. 2000, 4(3): 40-41.
[74] 22 O Melnik, Neural network expert system development and survey. In: Proc of the IEEE-INNS-ENNS Int'l Joint Conf on Neural Network. Como, Italy, 2000, 4(2): 425.
[75] 孟庆春、齐勇、张淑军等:"智能机器人及其发展",《中国海洋大学学报》2004 年 9 月。
[76] 金周英:"关于我国智能机器人发展的几点思考",《机器人技术与应用》2001 年第 4 期。
[77] Thang N Nguyen, Harry ES tephanou. Intelligent Robot Prehension [M], USA: Kluwer Academic Publishers, 1993.
[78] 孙华、陈俊风、吴林:"多传感器信息融合技术及其在机器人中的应用",《传感器与微系统》2003 年第 22 期。
[79] Reynolds RG. Robust estimation of covariance matrices [J]. IEEET rans Automat Control, 1990, 35(9): 1047-1051.
[80] Pacini PJ, Kosko B. Adaptive fuzzy systems for target tracking [J]. Intelligent Systems Engineering, 1992, 1(1): 3-21.
[81] 陆新华、张桂林:"室内服务机器人导航方法研究",《机器人》2003 年第 25 期。
[82] Desouza GN, Kak AC. Vision for Mobile Robot Navigation: A Survey [J].

Pattern Analysis and Machine Intelligence, IEEE Transactions, 2002, 24(2): 237-267.
[83] 庄晓东、孟庆春、高云等："复杂环境中基于人工势场优化算法的最优路径规划",《机器人》2003年第25期。
[84] Chaochang Chiu. Learning Path Planning Using Genetic Algorithm Approach [C]. Proceedings of the HCI International' 99 on Human-Computer Interaction, USA: Law rence Erlbaum Associates, 1999, 8: 71-75.
[85] Jain AK. Fundamental of Digital Image Processing [M]. England: Prentice Hall, 1996.
[86] 王灏、毛宗源：机器人的智能控制方法, 国防工业出版社2002年版。
[87] Li Tsai-Yen, Hsu Shu-Wei. An Intelligent 3D User Interface Adapting to User Control Behaviors [C]. Proceedings of the 9th International Conference on Intelligent User Interface, USA: ACMPress, 2004. 1, 184-190.
[88] Nobuto Matsuhira, Hiroyuki Bamba, Makoto Asakura.The development of a general master arm for teleoperation considering its roleas a man-machine interface [J]. Advanced Robotics, 1994, 8(4): 443-457.
[89] 甘小明、徐滨士、董世运等："管道机器人的发展现状",《机器人技术与应用》2003年第6期。
[90] Kawaguchi Y, Yoshida I, Kumatani H, et al. Development of an industrial pipeline inspection robot for ironpipes [J]. Jounal of Robotics Society of Japan, 1996, 14(1): 137-143.
[91] Roman HT, Pellegrino B A, Sigrist W R. Pipe craw ling inspection robots: an overview [J]. IEEE Transaction on Energy Conversi on, 1993, 8: 576-583.
[92] Georgios A. Demetriou, Kimon P. Valavanis. A Hybrid Control Architecturefor an Autonomous Underwater Vehicle [D]. Lafayette: University of Louisiana, 1998.
[93] 桑恩方、庞永杰、卞红雨："水下机器人技术",《机器人技术与应用》2003年第3期。
[94] 张禹、邢志伟、黄俊峰等："远程自治水下机器人三维实时避障方法研究",《机器人》2003年第25期。
[95] 燕奎臣、李一平、袁学庆："远程自治水下机器人研究",《机器人》2002年第24期。
[96] Fearing RS, Chiang KH, Dickinson MH, etal. Wing Transmission for a Micro-Mechanical Flying Insect [C]. USA: San Francisco, IEEE International Conference on Robotics and Automation, 2000. 4: 509-516.
[97] Fumiya Iida, Dimitrios Lambrinos. Navigation in an Autonomous Flying Robot by Using a Biologically Inspired Visual Odometer [C]. Byston U. S. A:

Proceedings of SPIE-The International Society for Optical Engieering, 2000. 10, 86-97.
[98] 蔡自兴:"中国的智能机器人研究",《莆田学院学报》2002年第9期。
[99] Dusko Katic, Miomir Vukobratovic. Survey of Intelligent Control Techniques for Humanoid Robots [J]. Journal of Intelligent and Robotic Systems, 2003, (6): 117-141.
[100] Carl DiSalvo, Francine Gemperle. From Seduction to Fulfillment: the Use of Anth ropomorphic form in Design [C]. Proceedings of the 2003 International Conference on Designing Pleasurable Products and Interfaces, New York USA: ACM Press, 2003. 6: 67-72.
[101] 谢涛、徐建峰:"仿人机器人的研究历史、现状及展望",《机器人》2002年第24期。
[102] Rodney A. Brooks, Cynthia Breazeal, Matthew Marjanovic, et al. The Cog Project: Building a Humanoid Robot [C]. Comput ation for Metaphors, Analogy and Agents, Vol. 1562 of Springer Lecture, Berlin: Springer-Verlag Heidelberg Publisher, 1999 . 52-87.
[103] Tanmio TANIKAWA, Tatuo ARAI. Twofinger Micro Hand [C]. Leuven, Belgium: Proceedings of the 1995 IEEE International Conference on Robotics and Automation, 1995. 1674-1679.
[104] 王守杰:"微操作机器人级显微视觉的研究",北京航空航天大学1998年。
[105] 杜严勇:"论机器人权利",《哲学动态》2015年第8期。
[106] 拉·梅特里:《人是机器》,顾寿观译,商务印书馆1999年版。
[107] Kevin Warwick et al, "Controlling a Mobile Robot with a Biological Brain", Defence Science Journal, 60(1), 2010, pp.5-14.
[108] Kevin Warwick, "Implications and Consequences of Robots with Biological Brains", Ethics and Information Technology, 12(3), 2010, pp.223-234.
[109] 库兹韦尔:《如何创造思维》,盛杨燕译,浙江人民出版社2014年版。
[110] 库兹韦尔:《奇点临近》,李庆诚、董振华、田源译,机械工业出版社2011年版。
[111] Cynthia Breazeal, Designing Sociable Robots, The MIT Press, 2002, p.1.
[112] Hilary Putnam, "Robots: Machines or Artificially Created Life?", The Journal of Philosophy, 61(21), 1964, pp.668-691.
[113] Robert Freitas, "The Legal Rights of Robots", Student Lawyer, 13, 1985, pp.54-56.
[114] Phil McNally & Sohail Inayatullah,"The Rights of Robots",Futures, 20(2), 1988, pp.119-136.
[115] Rodney Brooks, "Will Robots Rise up and Demand Their Rights?",

Time Canadat 155（25），2000：58.
[116] Mat James & Kyle Scott, Robots & Rights: Will Artificial Intelligence Change the Meaning of Human Rights？, People Power for the Third Millennium: Technology, Democracy and Human Rights, Symposium Series, 2008.
[117] For and Against: Robot Rights, http://eandt.theiet org/magazine/2011/06/debate.cfm.
[118] Christopher Stone, "Should Trees Have Standing？ Toward Legal Rights for Natural Objects", Southern California Law Review, 45（2），1972, pp.450-501.
[119] 窨根：《打开牢笼——面对动物权利的挑战》，莽萍、马天杰译，中国政法大学出版社 2005 年版。
[120] 雷根：《动物权利研究》，李曦译，北京大学出版社 2010 年版。
[121] 辛格：《动物解放》，祖述宪译，青岛出版社 2006 年版。
[122] 尚东涛："技术伦理的效应限度因试解"，《自然辩证法研究》2007 年第 5 期。
[123] 辛格、雷根：《动物权利与人类义务》，曾建平、代峰译，北京大学出版社 2010 年版。
[124] 雷根、科亨：《动物权利论争》，杨通进、江娅译，中国政法大学出版社 2005 年版。
[125] Patrick Lin, Keith Abney & George Bekey, Robot Ethics, The MIT Press, 2012, pp.205-221.
[126] Antonella DeAngelietaL, Misuse and Abuse of Interactive Technologies, http://www.brahnam info/papers/EN1 955.pdf.
[127] David Calverley, "Android Science and Animal Rights, Does an Analogy Exist？", Connection Science, 18（4），2006, pp.403-417.
[128] 米尔恩：《人的权利与人的多样性——人权哲学》，夏勇、张志铭译，中国大百科全书出版社 1995 年版。
[129] Bill Gates, "A Robot in Every Home", Scientific American, 296（1），2007, pp.58-65.
[130] Jennifer Robertson, "Human Rights vs Robot Rights: Forecasts from Japan", Critical Asian Studies, 46（4），2014：571-598．
[131] 阿西莫夫：《机器人短篇全集》，汉声杂志译，天地出版社 2005 年版。
[132] 杜严勇："情侣机器人对婚姻与性伦理的挑战初探"，《自然辩证法研究》，2014 年第 9 期。
[133] Veruggio, Gianmarco and Operto, Fiorella. Roboethics: a Bottom — up Interdisciplinary Discourse in the Field of Applied Ethics in Robotics [J]. International Review of Information Ethics, 2006, 6（12）：2-8.
[134] 王绍源、赵君："'物伦理学'视阈下机器人的伦理设计——兼论机器人伦

理学的勃兴", 《道德与文明》2013年第3期。
[135] 任晓明、王东浩:"机器人的当代发展及其伦理问题初探", 《自然辩证法研究》2013年第6期。
[136] Breazeal, Cynthia. Designing Sociable Robots [M]. Cambridge: The MIT Press, 2002.
[137] 柯显信、尚宇峰、卢孔笔:"仿人情感交互表情机器人研究现状及关键技术分析", 《智能系统学报》2013年第6期。
[138] 恩格斯:《家庭、私有制和国家的起源》, 北京: 人民出版社1999年版。
[139] 周立梅:"试论当代中国婚姻家庭伦理关系的新变化", 《青海师范大学学报: (哲社版)》2006年第5期。
[140] Riek, Laurel. The Social Co-Robotics Problem Space: Six KeyChallenges. [EB/OL]. http://papers.laurelriek.org/riek-rss13.pdf.
[141] 林德宏:《人与机器: 高科技的本质与人文精神的复兴》, 江苏教育出版社1999年版。
[142] Levy, David. Love+Sex with Robots: the Evolution of Human-Robot Relationships [M]. New York: HarperCollins Publishers, 2007.
[143] 安云凤、王淑芹:《性伦理学新论》, 首都师范大学出版社1996年版。
[144] 何立荣、王蓓:"性权利概念探析", 《学术论坛》2012年第9期。
[145] 江晓原:《性张力下的中国人》, 上海人民出版社1996年版。
[146] 弗洛伊德:《弗洛伊德性学经典》, 王秋阳译, 武汉大学出版社2012年版。
[147] Angeli, Antonella De et al. Misuse and Abuse of Interactive Technologies. [EB/OL]. http://www.brahnam.info/papers/EN1955.pdf.
[148] Whitby, Blay. Sometimes it's Hard to be a Robot: A Call for Action on the Ethics of Abusing Artificial Agents [J]. Interacting with Computers, 2008, 20: 326-333.
[149] Anderson, Craig and Bushman, Brad. Effects of Violent Video Games on Aggressive Behavior, Aggressive Cognition, Aggressive Affect, Physiological Arousal, and Prosocial Behavior: A Meta-Analytic Review of the Scientific Literature [J]. Psychological Science, 2001, 12(5): 353-359.
[150] 王前:《技术伦理通论》, 中国人民大学出版社2011年版。
[151] 林德宏:"'双刃剑'解读", 《自然辩证法研究》2002年第18期。
[152] Wallach, Wendell and Allen, Colin. Moral Machines: Teaching Robots Right from Wrong [M]. Oxford: Oxford University Press, 2009.
[153] 江晓原、刘兵:《伦理能不能管科学》, 华东师范大学出版社2009年版。
[154] Arkin, Ronald. Governing Lethal Behavior in Autonomous Robots [M]. Boca Raton: C R C Press, 2009.
[155] 维纳:《控制论: 或关于在动物和机器中控制和通信的科学》, 郝季仁译, 北

京大学出版社 2007 年版。
[156] 斯宾诺莎：《伦理学》，贺麟译，商务印书馆 1983 年版。
[157] 安云凤、李金和："性权利的文明尺度"，《哲学动态》2008 年第 10 期。
[158] 郭娟、宋颂"'机器写手'的著作权问题研究——以机器人代写新闻为例"，《宁德师范学院学报》（哲学社会科学版）2015 年第 2 期。
[159] Quote Horacio E. Gutierrez, "Peering Through the Cloud: The Future of Intellectual Property and Computing" [J]. 20 Fed. Cir. B. J. 589, 2011: 602.
[160] [英] 维克托·迈尔·舍恩伯格，肯尼迪·库克耶著，盛杨燕：《大数据时代》，周涛译，浙江人民出版社 2014 年版。
[161] 李金正，陈晓阳："编辑活动的精神生产特性再认识——基于马克思'全面生产'的理论视野"，《编辑之友》2014 年第 10 期。
[162] 李明德、许超：《著作权法》，法律出版社 2003 年版。
[163] [德] 黑格尔：《法哲学》范扬、张启泰译，商务印书馆 1961 年版。
[164] 彭立静：《伦理视野中的知识产权》，知识产权出版社 2010 年版。
[165] 张建、夏光富、李金正："论编辑活动的一般特点"，《编辑之友》2013 年第 8 期。
[166] 吴汉东：《知识产权法学（第五版）》，北京大学出版社 2011 年版。
[167] 李雨峰：《中国著作权法：原理与材料》，华中科技大学出版社 2011 年版。
[168] 陈锦川：《著作权审判：原理解读与实务指导》，法律出版社 2014 年版。
[169] 鲁钇山："新媒体环境下新闻作品著作权保护刍议——以报纸新闻为视角"，《科技与法律》2013 年第 2 期。
[170] 刘春田：《知识产权法》，北京大学出版社 2007 年版。
[171] 丁柏铨："数据新闻：价值与局限"，《编辑之友》2014 年第 7 期。
[172] 《当代汉语词典》，中华书局 2009 年版。
[173] 《朗文当代高级英语辞典（英英·英汉双解）》，商务印书馆 2009 年版。
[174] See Roger Billings, Plagiarism in Academia and Beyond: What Is the Role of the Courts? [J]. 38 U.S.F. L. Rev.（2004）: 394.
[175] 王坤：《剽窃概念的界定及其私法责任研究》，《知识产权》2012 年第 8 期。
[176] 徐波、刘成林、曾毅："类脑智能研究现状与发展思考"，《中国科学院院刊》2016 年第 7 期。
[177] Ghosh—Dastidar S, Adeli H. Spiking neural networks. International Journal of Neural Systems, 2009, 19（04）: 295-308.
[178] Chrol—Cannon J, Jin Y C. Computational modeling of neural plasticity for self-organization of neural networks. BioSystems, 2014, 125: 43-54.
[179] Dayan P, Abbott L F. Theoretical neuroscience: computational and mathematical modeling of neural systems. cambridge: The MIT Press, 2001.

[180] Seung S. Connectome: How the brain's wiring makes us who we are. New York: Houghton Mifflin Harcourt, 2012.

[181] Jiang X L, Shen S, Cadwell C R, et al. Principles of connectivity among morphologically defined cell types in adult neocortex. Science, 2015, 350 (6264): 9462.

[182] Lee WC, Bonin V, Reed M, et al. Anatomy and function of an excitatory network in the visual cortex. Nature, 2016, 532 (7599): 370-374.

[183] Fukushima K. Neocognitron: A self-organizing neural network model for a mechanism of pattern recognition unaffected by shiftig position. Biological Cybernetics, 1980, 36 (4): 193-202.

[184] Cadieu CF, Hong H, Yamins DL, et al. Deep neural networks rival the representation of primate it cortex for core visual object recognition. PLoS Computational Biology, 2014, 10 (12): e1003963.

[185] Yamins DLK, DiCarlo JJ. Using goal-driven deep learning models to understand sensory cortex. Nature Neuro science, 2016, 19 (3): 356-365.

[186] Liang M, Hu XL. Recurrent convolutional neural network for object recognition// Proceedings of the 2015 IEEE Conferenceon Computer Vision and Pattern Recognition (CVPR). United States: IEEE Press, 2015: 3367-3375.

[187] Liang M, Hu XL, Zhang B. Convolutional neural networks with intra-layer recurrent connections for scene labeling// Advances800 2016年. 第31卷. 第7期专题: 脑科学与类脑智能 in Neural Information Processing Systems 28 (NIPS 2015). United States: Curran Associates, Inc., 2015: 937-945.

[188] Wang Q, Zhang JX, Song S, et al. Attentional neural network: feature selection using cognitive feedback//Advances in Neural Information Processing Systems 27 (NIPS 2014). United States: Curran Associates, Inc., 2014: 2033-2041.

[189] Cao CS, Liu XM, Yang Y, et al. Look and think twice: capturing top-down visual attention with feedback convolutiona lneural networks// Proceedings of the 2015 IEEE International Conference on Computer Vision (ICCV 2015). United States: IEEE Press, 2015: 2956-2964.

[190] MnihV, Kavukcuoglu K, Silver D. Human-level control through deep reinforcement learning. Nature, 2015, 518 (7540): 529-533.

[191] Silver D, Huang A, Maddison C J, et al. Mastering the game of Go with deep neural networks and tree search. Nature, 2016, 529 (7587): 484-489.

[192] Hodgkin AL, Huxley AF. Propagation of electrical signals along giant nerve fibers. Proceedings of the Royal Society of London. Series B, Biological Sciences, 1952, 140（899）: 177-183.
[193] Anthony NB. A review of integrate and fire neuron model. Biological Cybernetics, 2006, 95（1）: 1-19.
[194] Izhikevich EM. Simple model of spiking neurons. IEEE Transactions on Neural Networks, 2003, 14（6）: 1569-1572.
[195] Tsodyks M, Pawelzik K, Markram H. Neural networks with dynamic synapses. Neural Computation, 1998, 10（4）: 821-835.
[196] Tsodyks M, Wu S. Short-term synaptic plasticity. Scholar pedia, 2013, 8（10）: 3153.
[197] Maass W. Networks of spiking neurons: the third generation of neural network models. Neural Networks, 1997, 10（9）: 1659-1671.
[198] Anderson JR. How can the human mind occur in the physical universe? Oxford, UK: Oxford University Press, 2007.
[199] LeCun Y, Bengio Y, Hinton G. Deep learning. Nature, 2015, 521（7553）: 436-444.
[200] Collobert R,Weston J,Bottou L,et al. Natural language processing（almost）from scratch. Journal of Machine Learning Research, 2011, 12: 2493-2537.
[201] Zeng DJ, Liu K, Lai S W, et al. Relation classification via convolutional deep neural network//Proceedings of the 25th International Conference on Computational Linguistics（COLING 2014）. United States: Association for Computational Linguistics, 2014: 2335-2344.
[202] Socher R, Pennington J, Huang E H, et al. Semi-supervised recursive auto encoders for predicting sentiment distributions//Proceedings of the Conference on Empirical Methods in Natural Language Processing. United States: Association for Computational Linguistics, 2011: 151-161.
[203] Xu JM, Wang P, Tian G H, et al. Convolutional neural networks for text hashing// Proceedings of the 24th International Joint Conference on Artificial Intelligence （IJCAI 2015）. United States: AAAI Press, 2015: 1369-1375.
[204] Reasoning, Attention, Memory（RAM）NIPS Workshop 2015.[2016-05-10]. http: //www.thespermwhale.com/jaseweston/ram/.
[205] Chaudhuri R, Fiete I. Computational principles of memory. Nature neuro science, 2016, 19（3）: 394-403.
[206] Cho K, Van Merriënboer B, Gulcehre C, et al. Learning phrase representations using RNN encoder-decoder for statistical machine translation. arXiv

preprint, 2014: arXiv: 1406-1078.
[207] Hochreiter S, Schmidhuber J. Long short-term memory. Neural computation, 1997, 9(8): 1735-1780.
[208] Vinyals O, Le Q. A neural conversational model. arXiv preprint, 2015: arXiv: 1506.05869.
[209] Bahdanau D, ChoK, Bengio Y. Neural machine translation by jointly learning to align and translate. arXiv preprint, 2014: arXiv: 1409-0473.
[210] Shang LF, Lu ZD, Li H. Neural responding machine for short text conversation. arXiv preprint, 2015: arXiv: 1503-02364.
[211] Sukhbaatar S, Weston J, Fergus R, et al. End-to-end memory 院刊 801 类脑智能研究现状与发展思考 networks// Advances in Neural Information Processing Systems 28 (NIPS 2015). United States: Curran Associates, Inc., 2015: 2431-2439.
[212] GravesA, Wayne G, Danihelka I. Neural Turing machines. arXiv preprint, 2014: arXiv: 1410.5401.
[213] Peng BL, Lu ZD, Li H, et al. Towards neural network-based reasoning. arXiv preprint, 2015, arXiv: 1508-05508.
[214] Itti L, Koch C, Niebur E. A model of saliency-based visual attention for rapid scene analysis, IEEE Transactions on Pattern Analysis and Machine Intelligence, 1998, 20(11): 1254-1259.
[215] Itti L, Koch C. A saliency-based search mechanism for overt and covert shifts of visual attention. Vision Research, 2000, 40(10-12): 1489-1506.
[216] Yarbus AL, Riggs L. Eye movements during perception of complex objects, Eye Movements and Vision, Springer, 1967: 171-211.
[217] Navalpakkam V, Itti L. Modeling the influence of task on attention. Vision Research, 2005, 45(2): 205-231.
[218] Baluch F, Itti L. Mechanisms of top-down attention. Trends in Neuro sciences, 2011, 34: 210-224.
[219] Goel V, Dolana RJ. Differential involvement of left prefrontal cortex in inductive and deductive reasoning. Cognition, 2004, 93(3): B109-B121.
[220] Jia XQ, Liang PP, Lu JM, et al. Common and dissociable neural correlates associated with component processes of inductive reasoning. NeuroImage, 2011, 56(4): 2292-2299.
[221] Gazzaniga MS, Ivry RB, Mangun GR. Cognitive neuro science: the biology of the mind (4th edition). New York: W. W. Norton& Company, 2013.
[222] Eliasmith C, Stewart TC, Choo X, et al. A large-scale model of the

functioning brain. Science, 2012, 338（6111）: 1202-1205.
[223] 48 George D, Hawkins J. Towards a mathematical theory of cortical microcircuits. PLoS Computational Biology, 2009, 5（10）: e1000532.
[224] Zenke F, Agnes EJ, Gerstner W. Diverse synaptic plasticity mechanisms orche strated to form and retrieve memories inspiking neural networks. Nature Communications, 2015, 6: 6922.
[225] Zhang TL, Zeng Y, Zhao DC, et al. HMSNN: hippo campus inspired memory spiking neural network. Proceedings of the 2016 IEEE International Conference on Systems, Man, and Cybernetics, IEEE Press, 2016.
[226] Liu X, Zeng Y, Xu B. Parallel brain simulator: a multi-scale and parallel brain-inspired neural network modeling and simulation platform. Cognitive Computation, Springer, 2016.
[227] Kirstein S, Wersing H, Gross H M, et al. A life-long learning vector quantization approach for interactive learning of multiple categories, Neural Networks, 2012, 28: 90-105.
[228] Mitchell T, Cohen W, Hruschka E, et al. Never-ending learning// Proceedings of the 29th AAAI Conference on Artificial Intelligence（AAAI 2015）. United States: AAAI Press, 2015: 2302-2310.
[229] Lake BM, Salakhutdinov R, Tenenbaum J B. Human-levelconcept learning through probabilistic program induction. Science, 2015, 350（6266）: 1332-1338.
[230] 江璇："人类增强技术的发展与伦理挑战"，《自然辩证法研究》，2014年第5期。
[231] N. Bostrom, A. Sandberg. Human enhancement [M] .Oxford, 2008: 378.
[232] T. Garcia, R. Sandler. Enhancing Justice [J]. Nanoethics, 2008（2）: 278.
[233] Patrick Lin·Fritz Allhoff. Untangling the debate: The ethics of human enhancement [J]. Nanoethics, 2008（2）: 252.
[234] Michal Czerniawski. Human Enhancement and Values [J]. Social Science Research Network Electronic Library at: http: //ssrn.com/abstract=1633938, 2010: 3.
[235] 邱仁宗："人类增强的哲学和伦理学问题"，《哲学动态》2008年第2期。
[236] 冯烨、王国豫："人类利用药物增强的伦理考量"，《自然辩证法研究》2011年第3期。
[237] 冯常娜："关于基因增强技术的伦理问题研究"，武汉科技大学2011年。
[238] 朱文仓："人类基因增强的伦理思考"，华中科技大学硕士学位论文，2008年。
[239] 张新庆："人类基因增强的概念和伦理、管理问题"，《医学与社会》2003年第3期。
[240] 高佳："认知增强技术的伦理问题研究"，湖南师范大学硕士学位论文2010年。

[241] 胡明艳、曹南燕："人类进化的新阶段——浅述关于 NBIC 会聚技术增强人类的争论",《自然辩证法研究》2009 年第 6 期。
[242] Fritz Allhoff, Patrick Lin, Jesse Steinberg. Ethics of Human Enhancement: AN Executive Summary [J]. Science and Engineering, 2011 (17): 208-209.
[243] 陆象淦主编. 西方学术界新动向——寻求新人道主义 [M]. 北京: 社会科学文献出版社 2005 年版。
[244] 田海平:"生命伦理如何为后人类时代的道德辩护——以'人类基因干预技术'的伦理为例进行的讨论",《社会科学战线》2011 年第 4 期。
[245] [德]康德著:《实践理性批判》邓晓芒译,人民出版社 2003 年版。
[246] [古希腊]亚里士多德:《尼各马可伦理学》,廖申白译,商务印书馆 2005 年版。
[247] Brock D. Enhancement of human function: some distinctions for policy makers. In: Parens E. Enhancing human traits: ethical and social implications [M].Washington, Georgetown University Press, 1998: 48-69.
[248] Michal Czerniawski. Human enhancement and values[J]. Social science research network electronic library at: http://ssrn.com/abstract=1633938, 2010: 8.
[249] Paul Miller & James Wilsdon. Better Humans? The politics of human enhancement and life extension [C]. DEMOS, 2006.
[250] [美]玛蒂娜·罗斯布拉特:《虚拟人》郭雪译,浙江人民出版社 2016 年版。
[251] 臧继贤:《专访〈虚拟人〉作者:到 2030 年代,思维克隆人就可能诞生》,澎湃新闻: http://www.thepaper.cn/.
[252] [美]雷·库兹韦尔:《奇点临近》,李庆诚、董振华、田源译,机械工业出版社 2011 年版。
[253] "人类级别的人工智能是什么样的?〈虚拟人〉这本书告诉你",新闻晨报,2016 年 11 月 6 日。

第四部分　未来的梦

未来的人工智能在中国

一、人工智能将在中国更快发展

二、治愈死亡的虚拟产业生机勃发

| 人工智能的法律未来

随着虚拟技术的发展,在治愈常见疾病、疑难杂症之后,只剩下对死亡的治疗了。与"治愈死亡"相关的产业,将在未来成为人类市场的主流产业。

死亡,众生平等;死亡,人类发展的动力与源泉。福音降临人间、抑或引来地狱之火,我们不得而知。

一、人工智能将在中国更快发展

当人工智能发展到一定阶段后,绝大多数的疾病包括癌症,均将被治愈,这里的疾病不仅仅指身体上的疾病,还包括各类精神疾患。越来越多的人会享受到人工智能带来的福音。

笔者以为,即便在各个领域或者全球层面,都会有"奇点"存在,都会有"量变到质变"的临界突破,但是人工智能的发展及其对全人类的影响,终将经历一个较为漫长的历史过程,无数先行者将为梦想而牺牲、为后来者试错,接着,后来者成为再后来者的先行者……

笔者认为中国未来对人工智能的接纳,将先于世界其他各国,主要基于如下几点。

1. 文化基础

从文化上讲,中国作为世界人口大国,五千年文明传承未曾中断,其文化之根厚重博大,甚至难以找到一个简单的思考切入维度,它几乎具有吞噬与承载一切外来影响的力量。

中华文明不论从宗教信仰、人文社科哪一角度去看,都是多

第四部分
未来的梦

元而复杂的，几经损毁几经复活，展现出无与伦比的生命韧性。中庸的包容之道深植于这方土地：不愿意把事情做绝、凡事留一分情理，既务实进取敢于担当，又盲目从众甚至麻木，是每个人血脉中的东西。

如犯了奸淫罪的村民被赶出村庄，临走前不是出现公家人、便会有人前往私会——总会安排些钱财食物，或是指导下一步的出路；犯了偷盗罪的单位员工，人事部门领导会来谈心，主动要他自己辞职——留下些许的"面子"，避免他今后找不到工作没了活路。

这就使得我国更容易成为新事物的试验田，即便最为极端的情况出现，我们也会留有一定余地、不会直接就把它送入死亡之境。由此，但凡有一丝一毫的光明，对于未来人工智能来讲，就足够生存与爆发了。

2. 技术使用

从技术上讲，目前我们与世界发达国家的技术水平还有着不小的差距，但是国家对技术研发的不断投入、资本整合之力共举，加上技术升级换代的持续淘汰与叠加累积，即使最为高端的技术，历史来看亦终将摆脱垄断、走向公有化。并且，我国的大型国企一旦受到中央指示，就具有极强极快的执行力度，我国的小型民企，也有着"船小好调头"的便捷，敢冒险却又不"死磕"、懂得变通。

技术转化为产品后，某一新品刚出现，大批的类似仿品便出现了，百姓也习惯于消费更便宜的仿品，或者说对于自己买的是

人工智能的法律未来

不是仿品没有概念（侵权意识）。先不谈知识产权保护的未来走势，民众对"山寨"的随意、调侃或是依赖，非常直接地促进了全民对一项新事物的广泛接纳。

3. 经济共享

从经济上讲，未来的经济将使人与人之间的联系更为便利、建立在更多人参与的基础之上，只有更多的人参与其中，知识共享、经济共享，才可能使得产业发达、社会发展。人工智能终将从垄断神坛走向百姓经济。

许多收费的论坛与软件，标榜着权威性，可是一旦你付费进去，便会发现，除了最初广告打出的几个有用的东西之外，很难再有新面貌；而免费的全民参与的系统，却越发有生机，如维基、百度、知乎，如还在烧钱寻找出口的共享经济。

4. 法律灵活

从政治与法律上讲，相比那些闹民粹、闹独立、宗教极端主义、虚假民主之火炙烤的区域，我国的政局要稳定得多，为我们创造出极为宝贵的一片和平发展空间。

我国是成文法国家，与英美判例法国家需依据以往案例来裁决不同，我国法官判案更多是依据自己对法律条文本身的理解，这样，就具备了很大的法律灵活度，不至于把新经济限制过死。

我国法律更新非常快，"与时俱进"的理念被融入社会生活的方方面面，包括立法、行政、司法等许多层面，我国群众早已习惯了法律法规的快速更新。

最高人民法院时常出台中国特色的司法解释，对法律条款进行扩大或其他方面的解释，已经成为一种司法惯例，未来人工智能的发展不会是瞬间完成的，司法解释会很好地解决法律滞后问题。

二、治愈死亡的虚拟产业生机勃发

1. "中国人怕死"

中华文化一向是写意而隐晦的，不像西方那般精细、直白。例如，影片中对于肉体的描写，西方尤其是法国影片会平铺直叙，我们则会挡上一块布、一片雾或一只灯罩；西方的僵尸片大行其道，而我国导演却无法拍出此类影片，即便拍出来也难有市场。

从艺术的角度，我不认为使用哪种处理方式制作影像更好，但看待同一问题的不同态度可见一斑。死亡在我国民间一直被作为忌讳的字眼，除了疾患与奔丧所必须，很少在正常聊天中谈及。

荷兰等国的安乐死，被当作人权的进步；而在我国如果被老年人提及这一字眼儿，几乎所有的人都会认定：那是给儿女扣上了不孝的帽子。

如果问一个幼儿："你怕死吗？"他可能会回答你："我想出去玩儿，我想吃草莓。"因为，他并不明白死是什么，这个字的含义距离他太远了。

如果问一个年轻人："你怕死吗？"他可能会冲你一笑："大哥，大姐！工体新装修一个夜店，妞放得开，请我喝一瓶，走啊……"因为，他尚需消费自己的青春，死提出来得过早了。

如果问一个中年人："你怕死吗？"他可能会说："怕"，可能会说"不怕"，可能会说"说这个干吗！"继而根据与你关系的远近、自己的心绪，同你聊或是不聊关于死亡的话题。因为，这个年纪的他开始思考死亡了，但也仅仅是思考而已。

如果问一个老年人："你怕死吗？"他通常会被惊到或受到伤害，民间恶毒的咒骂，除了"国骂"外也有"老不死的"之说。他对你的提问，很可能会哭泣，或是阻止你说下去，或是生硬地表现出一种淡然，总之这已偏离了"正常"的聊天话题，然后，继续他以养生为主的晚年生活。因为，他已经切切实实、感同身受地面对着死亡了，恐惧或无力已经难以掩藏。

你可能会问：电视是现在老年人的伴侣，为什么电视上没有关于死亡的东西？我说：恰恰相反，从请来专家指导你如何选择无农残菜品，到拉来医生教导如何进行饮食调理、身体保养，到搬来明星诱导购买各色保健食品、用品甚至药品，"养生"的实质不就是"保命"吗？目之所及已经铺天盖地了。

最为可恶的是一些不良电视直销、会议销售，打着亲情旗号，攻击老年人孤独、怕死、反应不快的特点，轰炸式营销，向老年人倾销几辈子也用不完的假冒伪劣产品（但这个侧面更可看出，我国未来的死亡产业必将以可怕的速度蓬勃发展）。

当然，讲所有中国人怕死略显粗糙，可以说是以汉文化为代表的中国人怕死，而个别有着深度信仰的少数民族、部分其他人

第四部分
未来的梦

群则不在其列，如余秋雨先生在《山河之书》中提到南方一个少数民族，将人与树进行了哲学上的结合，人死后在坟上种一棵树、树与人便灵魂合一了，当地人并不以为死亡是终点，只是生存形态与生活方式发生了变化而已。

2. 未来死亡经济与法律的发展历程

一位老大哥无比悲伤地与我聊起"送走"他父亲的经历：父亲走后，医院门口卖寿衣的小店儿充当起了"死亡一条龙"中介——从医院与火葬场的对接、到骨灰盒与墓地的选择、到今后的祭拜等，相关服务无微不至。老大哥和我说，按照中介的指点，在骨灰盒下面放置了一块北斗七星石板，用以在未来接引回家的灵魂。

虚拟技术是人创造的，最初也一定是为人的需求而生的；虚拟经济的发展必然与满足人的欲求同步，从基本的食色之需，走向享用生活、体悟生命，走向对人与世界、宇宙的终极思考。

中国人怕死，未来的虚拟产业必然会在中国的土壤上蓬勃发展、逐步（甚至突然间以山寨式为先锋）走向"死亡经济"，着迷于治愈死亡，笔者以为从"人的角度"来看，未来经济会经历如下几个阶段。

（1）娱我——享用生活、人工智能服务于人

未来人在死亡问题没有得到彻底解决之前，着力满足死亡之前的欲望，以求死前"不留遗憾"，人工智能的工具属性明确，虚拟技术为人类服务，而法律将有可能以既有的框架保存下来，并发展延续。

①食物

在人类的饮食需求没有改变之前，食物依然是重要的，只不过食物产生的方式，可能基于思想设计与3D打印等而生，而不再是种植与养殖。国人"吃饭局"的习惯也将逐渐消失，改用其他更有效、更便捷的交流方式。

②娱乐与性

未来，先进技术将淘汰许多行业，同时创造新的行业，"工作"对于人来讲已经不是必需，或者说将完全改变形态、改变现在人的理解。如今的所谓"理想""修身、齐家、治国、平天下"等，均已术语化，在未来之中不具有现实意义。

在人类还没有丢掉"性"之前的进化阶段，因性而延展出的文化娱乐，依然盛行，但是超过一定的临界点之后，性也会消失。如果人类不再基于性而诱发相应行动或启发关联的思维，政治、经济、文化等方向均会出现大的调整，法律随之也会转入下一个历史维度，超出现代人的理解范畴。

③人工智能陪伴及其他

人工智能即使爆炸式发展，在短期内也难以撼动人的社会属性，解放"寂寞"、满足"好奇"，古老的名词，未来将在一定尺度上左右人工智能的走向。

人工智能将陪伴在个人或人群之中，不论是方便生活的实体机器人、带来欢乐的无形智能体验，还是直接刺激人脑、毒品般实现愿望的科技，总之，满足人的需求依然是人工智能的基本功用。

（2）固我——延续肉体、人工智能融入于人

死亡被努力往后推迟着，多数人以为自己"没活够"，力求不死，法律随着新科技的出现，不断调试着自我以适应新的社会存在。

①身体与心灵的双重"健康"

人工智能逐步将现代医学进行颠覆，基于生物与纳米等科技，让人无限接近于无疾病的健康，人终将不再需要医疗去救治病患（意外事故与人体老去等除外）。

对于微观世界的深入研究，使得物质世界与精神世界也更加趋于混同，身体与精神两方面的健康问题，均会变成一个伪命题。

②肉体增强与山寨版生命延长

有关克隆与人体复制的法律几经变迁，终于回归到现代原点：禁止（生殖性）克隆人；而思想转移技术也并未健全和得到法律的认可，人们只得使用"山寨版"的原始肉身调整方式保养肉体，以延长生命。

如同现代人接纳装有"义肢"的残疾人一样，未来人首先接纳了装有"机械心""克隆心"的病人，紧接着又接纳了通过智能医学改造过自己的健康人群，人们不断替换着自己的一部分，这里面的绝大多数人，就是为了熬到肉体不朽技术的真正普及。

③肉体的真正不朽

死亡这一重大"疾病"终于被攻克了，人类就像蛇蜕皮一样简单，让全身的组织新生或让它们忘记老去，或是借助人工智能

产品在体内的运转，实现青春永驻……

不知过了多久，由此给人类带来了巨大的副作用显现了——基因退化、创造力消失、世界停滞了，继而是暴力、战争等现代问题死灰复燃，人类的这一轮文明，马上将被毁灭得毫无踪影。

为了这来之不易的文明得以延续、为了人类种族的进步，未来人将肉体不朽技术进行了紧急立法限制——除极少数对全人类有重大贡献的人，在经过严格筛选程序后，有权选择适当延长生命以外，死亡治疗被列入反人类罪行严加打压。

（3）弃我——保鲜灵魂、人工智能独立于人

人工智能科技几何倍增式地发展着，无限深入的各种"算法"囊括了世间万物，就连一颗石子内近乎无限的世界，也可以用数字进行表达了（仅是表达而并非"就是"，即便表里如一）。"算法"类似于现代宗教般，成为未来人的一种坚定信仰。

人们对肉体与灵魂不断反思，并且随着地球世界的局限、宇宙奥秘探索的深入，肉体的不便越发明显。人类终于不再纠结于肉身的存在，更多人接受放弃肉体、"保鲜灵魂"，让思想永续；而同时也出现了许多的回归派，他们选择自然死亡，不保留任何肉体与精神的痕迹。

①山寨版的虚拟灵魂

灵魂以人脑为基础，是一种多元的组成，既有生物学的意义，又基于整体生命历程的给予，也可能还有生前与死后的各种造化。时空中的灵魂线索，是灵魂所在的重要证据。

任何技术的发展都有一个过程，未来人带着现代人的基因，

第四部分
未来的梦

他们"怕死",而且怕得要命,他们有着提前消费的欲望,"等不及"待到灵魂发现的"奇点",便要提早将自认为的自我精神(灵魂)虚拟化、数字化进行保鲜。

"死亡经济"就此爆发了,各式各样的"灵魂"公司应运而生,它们创造出新一轮的大就业,广泛而深入地搜集着与人相关的各类数据。

思想调查极为详细:从生前时空、到今生今世,从基因片断到亲友构成,从日常生活到特殊事件……唯恐错过那些并不起眼却有决定意义的线索;公司的调查力度不断强化、技术不断更新,在婴儿出生时,只需父母同意,便会被注入一颗数据,收集颗粒伴随一生、无形地收集这个人的所有信息。

待到作为生物学原型的自然人认可或是其死亡之时,虚拟灵魂便会启动,让这一自然人得以在虚拟世界永续生存,甚至再注入一具现实躯壳而"重生"。

因为"灵魂"公司的做法和所导致的结果,具有多种法律上的解释,未来立法也出现了极大的争议,有的区域禁止、有的区域鼓励,有的层级赞成、有的层级反对,在还没有形成统一的、具有强制执行力的法律之时,山寨版虚拟人便已经大面积"上线"了。

②人类灵魂的完全虚拟化

经过山寨式的精神复制的尝试,未来人更加深入地认知着自我与世界,以前为满足人类不死愿望而成立的灵魂公司,也不再从事"收集数据""复制信息""人格再现"的简单勾当了,在"算法"宗教的引领下,"算法"所认为的"灵魂"被精确定义

215

人工智能的法律未来

了！"灵魂"公司微调了一下经营范围、做了一阵子的灵魂定位和转移工作后，消失了。

放弃肉体的法案很快被通过，这是法律在行将消亡之前所做的最后一件事。

"进步与探索"的欲望，终于将人类推上难以回转的"不归"路，除去少部分象征性的原始人保留区外，绝大部分未来人放弃了肉体。

③新物种诞生

新世界里全新的虚拟人诞生了——不再具有生物学原型的虚拟人、纯种的、在虚拟世界生成的人（人的定义届时也将随之变化），这是"新世界"的一个重大事件。

现代人并不需要以狭隘的眼光看未来，那样的新世界也许并不是虚拟的、那才叫作真实。只不过，以现代人的智力水平难以理解它，以为它是数字与虚幻的罢了。这就如同古时快马送"纸信"需要必备的驿站来休整一样，古人永远也想不到现在万里之外只需敲击一下键盘，"电子信"就到了。

④万物归无、无生万物

未来的虚拟新世界，消失的不止于"法律"，我们现今的一切文明，都不会再以现今的理解而存在了。如同达到欢娱的顶点后、随之而来的是虚无而非充实一般，万物归无、无生万物，不知大宇宙的大规律是否也遵循着祖先的启示。